信田さよ子
上間陽子

言葉を失ったあとで

筑摩書房

言葉を失ったあとで

信田さよ子
上間陽子

装幀　有山達也
装画　ワタナベケンイチ

まえがき

信田さよ子

この一冊が誕生するきっかけは、トークイベント「言葉を失ったあとに」（二〇二〇年一一月二七日、青山ブックセンター本店）で上間さんとお話ししたことだった。異例ともいえる速さで申込者が集まったことに驚いたが、オンラインとはいえ初めて顔を合わせたようには思えない充実の一時間半だった。ＰＣの画面越しに、猫とお嬢さんが悠々と登場する対談も初めてだった。

その後編集者より対談の企画が持ち上がり、沖縄と東京を結んで四回お話しした。最後の一回は、上間さんが池田晶子記念「わたくし、つまりNobody賞」の受賞のため上京されたので、筑摩書房で行った。終了後、蔵前のイタリアンで、楽しくおしゃべりもした。

本書の構成は、実際に話した順番に沿った全六章から成っている。最初のトークからほぼ一年近く経って、こうして一冊の本になったことは心よりうれしい。

ずいぶんたくさんのことを話してきたのに、実際に上間さんにお会いしたのは、第六回の対談が初めてだった。画面上ではお顔を拝見していたが、二〇二一年五月一・日、筑摩書房会議室に向かう狭い通路ですれ違いざまに小柄な女性から挨拶された。マスク姿だったので、軽くこちらからも挨拶を返して会議室に入った。

てっきり編集者だとばかり思っていたその女性が、実は上間さんだった。オンライン上ではいっぱい話していたはずなのに、マスク姿のせいかまったく目立たず、筑摩書房という背景に溶け込んでしまっていたのだ。あまりに素気ない対応をしたのではないかと、対談冒頭で改めて自己紹介した際に、あやまったことを覚えている。

*

振り返ると、まるで私がカウンセリングを受けていたようだった。全部で六回の対談をとおして、上間さんと話しながら、言いたいことが次々と湧いてきて、「ねえ、聞いて、聞いて」ともどかしくなるのだった。それは不思議なことだった。

遠い昔の子ども時代のこと、苦しみの多かった二人の子育て期のこと、これまで活字にしたことのない個人的な経験が、ここでは初めて公開されている。ふだん、カウンセラーが自己開示する必要なんかないと考えている私なのに、どうしてなのだろう。対談の収録が終わるたびに、あれ、こんなはずじゃなかった、なんだか話しすぎてしまったぞ、と思ったのだが、それは嫌な感じではなかった。職業柄、個人的な関係でも仕事でも、自分はできるだけ聞く側にポジショニングするようにしているのに、なぜか上間さんと会うと毎回どんどん話したくなってしまうのだった。

上間さんの著書『裸足で逃げる』を初めて読んだとき、衝撃を受けたことを思い出す。多くのルポライターが熱を込めて描いてきた沖縄の女性たちの姿を、それまでも知らなかったわけではない。カウンセラーとして、同業者とのつながりで得た様々な情報や知識も持っていたつもりだった。事実や実態といったレベルでとらえれば、それほど新しいことではなかったが、あの文体と言葉づかいは、これまでに読んだことのないものだった。登場する女性たちと上間さんとの関係は、調査対象と調査者というだけなのに、浮かび上がってくるのは痛切としか言いようのない、それこそ言葉にならない何かなのだ。

深い底の部分では怒りが渦巻いているのに、四方八方からの張力によって、それは流れそうで流れない涙のようにギリギリのところでとどまっている。それはまさに言葉を失うとしか言いようのない現実への直面に思えた。そこから這い上がるように言葉を新しく獲得していく姿、その張り詰めた感じが、読む私の胸を打ったのである。

上間さんが描く沖縄の少女（女性）たちの性暴力被害と、私がカウンセリングでお会いした女性たちの性暴力被害は、ほとんど同じだった。わかりきったことかもしれないが、そのことが驚きだった。では、そのとき私は果たして言葉を失ったのだろうか。

カウンセラーであるということは、言葉が武器であるということだ。武器なくして、ひとときも生き延びることなどできない。もっとソフトに言えば、言葉は商売道具なのである。言葉なくしてカウンセラーという生業は成り立たない。もう五〇年以上も、そうやって生きてきた。

では、私はどこに自分の言葉の根拠を求めたのだろう。偉大な先人たちの構築した理論に、目の前の現実を当てはめることはできなかった。単に勉強不足だっただけかもしれないが。何かが違う、納得できない、そんな違和感がカウンセリングのたびに私を襲った。その違和感がしつこく、ずっと私を駆動し続けた。いったい何だろう、どのように言い表せばいいのだろう……と。心理学や精神医学といった専門領域で使われる言葉では歯が立たなかったのである。

聖域とされた家族のなかでこんなことが起きているのか、元気に見える女性たちが、夫や父、兄、祖父からどのようなことをされてきたのか……。グループカウンセリングで、個人カウンセリングで、彼女たちの語りを聞きながら、たぶん、私も言葉を失ったのかもしれないと思う。そんなとき、新しい言葉を与えてくれ、パラダイムの転換を許してくれたのは、社会学や哲学、女性学だった。そこから得た言葉を自分のものにすることで、かろうじて、目の前に居る人たちにカウンセラーとしての役割を果たしてきたと思う。

　こんな私が臨床心理学の一角を占めてもいいのだろうか、という思いはぬぐえない。対談中に、私の存在が臨床心理学への信頼の基本になっていると上間さんが語る部分があるが、うれしくもあり、ちょっぴり複雑な思いがする。

*

　対談でなんども語られたのが、性被害については新しい教科書が必要だということだ。言い換えれば、性被害について正面から対峙すれば、言葉を失ってしまうということではないか。なぜなら、被害を代弁したり、被害を叙述する言葉などないに等しかったからだ。これまで使われてきた言説や常識は、被害を受ける側に対する無理解に満ちており、被害者視点を欠いたままだったということがようやく理解されつつある。被害者による告発が続いたからだろう。

昨年来のコロナ禍で、いくつかの団体におけるセクハラが表面化した。社会的に有意義で「よきことをなす」と信じられ、社会正義を体現していると思われているひとや団体においてセクハラが起きていたことが次々とネット上で告発され、炎上したのである。感染拡大防止のために直接的な対面が避けられるようになり、間接的なネット上の書きこみの占める位置が、相対的に浮上した。今後もＳＮＳを通じてネット上で告発する匿名のひとたちは減らないだろう。

こう書くと、冤罪だってあるし、言葉狩りではないかなどと批判される。しかし対談でも述べているが、セクハラや性被害の深刻化は、地震の揺れのようにその瞬間に起きるわけではない。その経験がどのように聞かれるかによって、つまり周囲の誤解と無理解によってどんどん雪だるまのように膨らみ、倍加していく。限界が訪れて告発するまでに長い時間がかかるのは、彼女たちの経験を聞き、被害を認め、言葉を与えてくれるひとが少ないからだ。

もうひとつ、対談では加害者（彼女たちに被害を与える男性たち）についても多くが語られている。多くの先進国ではすでに加害者臨床の理論・実践は進展しているが、日本では法整備も進んでいない。こんなにＩＴ化が進んでいるのに、性暴力に関する常識は明治のままだということすら認知されていない。

本書では、上間さんの問いかけに触発されて、加害者臨床について乏しいながらも私の実践経験に裏打ちされた内容を述べている。日本ではまだ実践例が少ないため、そこだけ抜き取っても他に類を見ない内容になっていると思う。

この対談をとおして、あらためて気づかされたことがある。それは、被害に関して語る言葉を獲得しなければ、加害についても語ることができないということだ。現実には加害がなければ被害はないのだが、定義としては逆である。被害者の告発によって、初めて加害者が立ちあがるのだ。

日本でＤＶや性暴力の加害者がカウンセリングや相談の対象になっていないのは、被害者支援がそれだけ貧困だということだろう。言い換えれば、多くの女性が受けてきた性被害について、新しい言葉による新しい教科書（的なもの）ができることで、性加害（男性の性暴力）についても対応できるようになるのではないだろうか。そうでなければ、加害者である男性の自虐的な反省モードか、それとも被害者を嘘つき呼ばわりするかの不毛な二者択一しかなくなるだろう。

＊

ともに多くの人たちの言葉を聞いてきた二人だが、本書を読んでいただければわかるように、二人の間には大きな違いがある。よく泣く上間さんと、まったく泣かない私。年齢も、育った環境も、専門分野も方法も背景も、まったく違う。それなのに、上間さんの言葉には違和感がなかった。それがなぜなのかは、お読みになった皆さんにも考えていただきたい。

違いが大きいからなのか、上間さんの質問はすごい。短いがポイントを衝く質問に、私はいつもしびれてしまった。後期高齢者になったこともあるが、どこかでもう私の語る言葉を対等に正面から聞かれることはないのでは、と思っていた。そんな不遜な思いが、毎回あの質問によって覆される。つねづねカウンセリングは質問が命と思っていたが、それが証明される思いがして、ほんとうに気持ちがよかった。

だから、私は安心して話しすぎるくらいに語ったのだろう。かなり突っ込んだ話をしながらも、あとに残ったのは、とびっきりおいしいものを食べたような深い満足感だった。

繰り返しになるが、本書は、全六回の対談をとおして私が上間さんのカウンセリングを受けているような気持ちになった、そんな珍しい一冊である。

多くのみなさまに、本書が届きますように。そして上間さん、ありがとうございました。

第1章

言葉を失ったあとで

二〇二〇年一一月二七日

信田　信田と申します。上間さんとは初対面なんですけど、私の講演を聞いていただいたり、上間さんの本や新聞記事もたくさん読んでいて、楽しみにしていました。『海をあげる』を送っていただいて、すぐ読んだんです。『裸足で逃げる』で書かれた春菜という女性の、加害者である男性の話が出てきます。恋人である春菜に援助交際をさせて、荒稼ぎしていた和樹という男性で、沖縄から出てきて新宿でホストになっています（「ひとりで生きる」）。

なんでこんなに重く読んだのか。私は仕事柄、重い話ばかり聞いていますが、それは平気なんです。上間さんに聞くのもなんですけど、なんで和樹の話がこんなに重かったんですかね。

上間　和樹のインタビューは、データをとったのが二〇一七年なんですね。でも、和樹のことはずっと書けなくて。はて、これをどうしたものかと思ってきました。

彼には加害者性と、被害者性がある。ずっとセックスをしてお金を稼がせた恋人への思いもある。でも、そうやって聞きとった彼の背景を読者に向けてどう解説するか。もしも私がそれをやると、和樹がこうなった理由をかくかくしかじかだと説明する、まさに和樹を擁護する側に立つということにもなってしまうので、とても難しい。それで、データをまるっと出してみるかたちで実験的に書いてみました。

中立の立場とはなにか

信田　私的には、和樹さんってスターなんですよね（笑）。非常に陰影がはっきりしていて。私の表現がピンと来ないかもしれないけど、そういう存在なんです。行動自体が典型的で、とてもわかりやすいんですね。スター性ってそういうところありますよね。

いまおっしゃったことは、ポジショナリティ（立場性）にかかわります。臨床心理学には、立場性という言葉はありません。なぜかというと、臨床心理学は一九五〇年代からの非常に新しい学問だし、近代的個人を前提として成立しています。「私」という個人は平等であり、人間としての権利があるという人間観には普遍性がありますから。立場によって見え方が変わるとは考えられていません。

また日本の臨床心理学の多くはフロイトに依拠してきました。フロイトの精神分析は中立性を基本にしています。passive neutral というんですかね。どちらかではなく、両方を俯瞰的にとらえる立場に治療者がいるという前提が、中立を意味します。だから中立・客観はむしろ当たり前の前提なんです。

私はそれは無理ではないか、その場合の中立は必ず「力のある側」「強い側」に与《くみ》してしまうのではないかと思っています。暴力の問題は中立性にこだわると扱えないし、被害者に問題があるように見えてしまうでしょう。

そこに至った個人的経験をお話しします。ＡＣ（Adult Children of Alcoholics／アルコール依存症の親のもとで育ったひとたち）と自認した女性とのカウンセリングでお話を聞いていたとき、「このひとちょっとオーバーに話してるんじゃないの」みたいな気持ちが、突然湧いてきたんです。

夕方になって疲れていたんですが、初めてのことだったので、そういう自分にすごいショックを受けて。どうしてこんな気持ちになったのだろう、ありえないとずっと考えていて、その日の帰り道、ハッと気づいたんです。ああ、あのとき、少し疲れていた私は俯瞰的になろうとした、中立的な立場で聞こうとしていたんだと。つまり私のポジショナリティによって、聞こえ方がちがったんです。これは大きな発見でしたね。

もうひとつ気づいたのは、私が中立的になろうとして聞いたとき、目の前に座っているひとの口調が明らかに変わったことです。私のポジショナリティ・位置取りの変化は、相手にすぐわかったんですね。それまで自分の言うことを信じて聞いてもらっていた、味方だと思っていたのに、変わってしまった。唯一の味方だと信じたのに、裏切られたと思ったのでしょう。

この経験は、カウンセラーであることの基本は位置取りにあると気づかせるものでした。中立とか客観というものが、加害者寄りになってしまうんだと実感した最初でしたね。それからは、世間が何と言おうと、カウンセラーだけは味方にならなければと思うようになりました。これが一九九四年のことでした。

加害者の話をどう聞くか

信田　そうなると、暴力の問題について、加害者の立場にならないといけないのか、という論争喚起的な課題が出てきますよね。

上間　私は加害を描くのはとても難しいと思っているので、男性たちにはなかなか手を出せない。和樹をギリギリ書けた理由は、彼がやったのは、身体的な暴力ではなくて彼女に選ばせて経済的に搾取することだったからなんですよね。そして春菜もまた、それを自分の選択だと語っている。とはいえ、春菜は和樹と暮らしているときに何千万というお金を稼いでいて、和樹はそれを湯水のように使っていた。

和樹にはお金へのある種の強い執着がある。話を聞いてると、母はすごい借金を持っていて、彼自身も沖縄で大きな事件を起こしていて、その弁償は弟がやっている。そういう巨額のお金が必要な状態で育っている子であって、そこに、父親の暴力もありました。和樹は、お金の問題が絶えずある家族で育ち、今度は選び取った親密圏のなかで愛という名のもとに経済的な搾取をしていた。これが私の書けた加害者の一応のラインです。

ほかに、パートナーを殴っていた男の子の話も聞いてますが、これはやはり扱えない。インタビューのときには、客観的中立的を後景に退けて、目の前の方の話を「そういう理屈で殴ったのか」という了解できるポイントを探す反応で聞いてるんですけど、それを文章という形で読者に解説しようとするときには、彼がやったことを私はわからないといけない。やっぱりそれはわからない。だから、手が出せない。

ただ、女性だけで一五〇人くらい話を聞いていて、それぞれワンショットサーベイ（単発の調査）ではなく、回数も二回三回と重ねた調査のスタイルをとってきて思うのですが、女性たちの話は、感情移入のポイントがあるんですよね。親密圏をどう切り盛りしてきたかとか、子どもに対しての強烈な思いとか。そこには納得があるんです。でも、男性の話の場合、被害者だったのね、で今度はオトコになって強くなって、その結果、オンナを殴るんだよねというところで納得することができない。

信田さんの『加害者は変われるか？』という本があります。教育学の授業でも、暴力の問題を考えていくときには必ず紹介しているんですが、信田さんは加害者の話をどうやって聞いているのか？　聞いてみたいです。

信田　私は、もともと七〇年代からアルコール依存症の男性が臨床の主な対象だったんですよね。当時、あんまり「暴力」という言葉は使わなかった。「酒乱」とか、「問題飲酒」とか呼ばれてました。その遺産なのか、あるときまで男性たちの暴力の話を聞くときには、依存症の病理みたいな視点で聞いていたんですね。同調もしないし、批判もしない。疾病概念というメタな視点に立っていたと思います。

ただ、九〇年代の半ば過ぎから、ＤＶという視点でとらえるようになりました。そうすると、彼らはＤＶ加害者そのものだったと気づくわけです。二〇〇一年にＤＶ防止法ができて、内閣府の加害者更生プログラムについての研究班のメンバーに加わったんです。あれから二〇年近く経っても、日本ではいまだに公的なＤＶ加害者プログラムは実施されていませんが、私はＮＰＯ法人の代表理事としてずっと加害者プログラムに関わり続けています。

とても参考になったのは、カナダから講師を呼んだ内閣府の加害者プログラムのファシリテーター養成研修でした。その女性講師の態度が、ひとつのモデルになっています。日本語でいうと、毅然としてるんですね。決して相手を否定しないし、尊重するんだけど毅然とする。これがポイントじゃないかと思うんですよ。いたずらに彼らを責めるという態度は効果がないことがわかっていて、「よく参加されましたね」として彼らをひととして尊重しなければならない。だけど、譲ってはいけないところは譲らない。

もっと個人的なことを言うと、加害者の感じ方、やることにたいして違和感がないんです。誤解されがちなんですが、ＤＶ加害者のこともよくわかるんですよ。女性のＤＶ相談員の中には、加害者の話を聞くこと自体に抵抗感があるひとが多いんですが。だから頑張って毅然としている感じはないんですよ。私はジェンダー的には女性ですが、もし男として生まれてたらこういうことしたんじゃないだろうか、みたいな感じで聞いているのかもしれませんね。まったく自分と無縁な話じゃないと思うので、そんなに困難ではないんです。

上間　聞き手の信田さんの側にメタ的な認知の力があることで、その場の構造を描き、なぜ目の前でこのように語られているのかというアングルをとることが可能になるのですか？

信田　そうですね、そのとおりだと思う。

でも臨床心理学の内部からは、暴力へのメタ的な認知は出てこないと思うんです。暴力という問題については、政治学や社会学とか、それこそ上間さんとか社会学者の岸政彦さんとかみなさんがやってる調査の、心理学の外にある学問領域からしか得られないでしょう。

上間　やっぱり私は難しいのかな。ムッとしながら聞きそうな気がするな（笑）。

信田　いいんじゃないですか、しても（笑）。

あのね、ＤＶ加害者プログラムは男女ペアでファシリテーターやることになってるんですが、不思議なことに男性ファシリテーターのほうがムッとするんですよ。これ、おもしろいですね。

プログラムの参加者が、「自分は我慢に我慢を重ねてきました、あそこまで妻に責められたら、やったことはよくないと思うけど、ファシリテーターのひとだって現場にいたら、きっと妻に頭にくると思いますよ」っていう話ばっかりするわけですよ。聞きながら内心「あ〜あ」って思うんですけど、一緒にやってる男性のほうがムッとすることがある。いいぞいいぞって見てるんですけどね。

上間　男性と女性が二人いるのは、いいかもしれない。関係性も見せられるし。

信田　おっしゃるとおりですね。ＤＶ加害者プログラムが実施されない国は、非常に少ないんです。カナダやアメリカでは州ごとに決められた標準プログラムというのがあって、カナダでは多くの州で男女二人のペアで実施すると決まっています。

いまおっしゃった二人の関係性を見せるというのもそうだし、ファシリテーターが男性だけだと、意識しないうちに男性寄りの雰囲気になったりするんです。なかには、女性がいると本音が話せないから男性だけでやったほうがいいという説もありましたが、私はそうは思わない。ホモソーシャルな雰囲気を避けるため、被害者視点を強調するためにも、女性ファシリテーターは必須だと思います。

加害を書けるか

上間　関連するかもしれないと思って話すんですが。私は、調査としてデータをとるときには、そのデータがどれだけ厚みがあるかが勝負なんですね。

社会学者の打越正行さんと風俗の調査をやっていたときに、妻を病院に送るくらいの怪我をさせた男性がいて、彼は警察に逮捕されているんです。打越さんは昔からこの男性のことを知っているので、拘留されているときにもずっと会いに行っていて。出てきたときに、打越さんと二人でお話を聞いたんですよね。

そしたら、殴った日のことを反省的に話し出して。どうして殴ってしまったのかという話をずっとしていて、一人になったあと違法薬物にも手を出して、友だちもいなくなって、それでぜんぶやめたっていう話だったんですけど。

私はそこで、寂しくて薬物に行ったんだ、その間、妻は毎日子どもを育てていただろうにって醒《さ》めているんですよ。でも、打越さんは泣きだして（笑）。おしゃれな喫茶店で話聞いてたんですけど、マッチョな男性が泣いてて、打越さんも、もらい泣きしていて。私だけが冷静に淡々と、「それでその日はどうしたの」みたいな聞きとりになり、彼の子どものころの家のなかにあった暴力も語られました。そういう複数のポジショナリティがあると話しやすいのかなとは思います。

とはいえ、聞きとったことを書く段階というのは、どうしても難しいですね。信田さん、加害者のストーリーを書くことを、どのように考えているんですか？

信田　いやいや、加害者のことを書こうと思えば書けるひとはいますけど、あんまり気が進まない。難しいです。

いまおっしゃった、自分が暴力したときのことを詳細に語るのはすごく大事だと思います。被害者のひとが聞いていたらどう思うかは別として、覚えてないというひとが多いんですよ。加害の瞬間の解離（ＰＴＳＤの症状のひとつで記憶が飛んでしまうこと）は、意外と多いんじゃないかと思う。

だけど、そんなこと言うと警察で許してもらえないから、適当につなぎあわせて。本人はストーリー化してるんだけど、何度も聞くと、やっぱりその瞬間、ハッと気付いたら妻が倒れてたとか。そういう、加害の瞬間の解離というか健忘（記憶から消してしまう）というか、意外と多い。それは、経験ないですか？

上間　ないです。思ったこともなかった。

信田　私もそれに気づいたのは、ここ二、三年のことです。そういうことを言うひとが増えてきた。加害者プログラムでも、ＰＴＳＤの話なんかを勉強してもらうと、暴力をふるう前と、直後の四、五分くらい、記憶がないっていうひとがいるんですよね。そういうこと言うと、責任はどうなるんだという話にもなるので。

暴力の問題って、ＤＶは犯罪であるという司法的なパラダイムと、ＤＶ加害者は人格障害だという疾病（医療）パラダイムとあって。私はどちらにも偏らないで捉えたいと思ってるんですね。

被害者のひとたちが、加害者にはもう会いたくない、だって人間だと思えないから、って言うのは当然かもしれません。でもなかったことにして、前を向いて今後のことだけ考えるというのも問題だと思うんですね。加害をちゃんと知ることが、被害者にとっても大事だと思います。

上間　たしかに被害を受けている女の子の側の話を聞いていても、自分の受けた理不尽さをどうやって納得していくかという問題はあるように感じますね。

ひどい暴力体験があっても、やっぱり何度かは加害者のもとに戻ってしまうんですよね。実際には恋人と会っているけど、私には「もう会ってない」と言った子がいて、それでもどこかで私は、「この子は戻るなぁ」と思いながら話を聞いているんです。

それで、「もしも戻ったときに暴力があったら、どこに逃げたほうがいいかはちょっとシミュレーションしよう」って話しかけてみたんです。「最寄りの警察署はここだよね」とか、「タクシー乗り場、ここに行けばあるよね」とか。「子どもを返してもらえなかった子が過去にいたから、子どもはとにかく夫側に渡さないほうがいいよね」とか。そういう暴力を小さくするための話し方はするんです。

でも、信田さんのように、どういうときに暴力が起こるか、加害者がなぜこれをやったと思うのか、きちっと言語化して、加害を知るということをすればよかったのかなとも思います。その加害者のもとに戻っちゃって、また暴力を受けてしまったんです。

細かくシミュレーションしたので、殴られたあとでそのとおりに動くことができて保護はできたのですが、加害者について彼女が何かを了解したわけではない。ただ、そこには不条理があり、それを自分が理不尽に受けてしまったというぼんやりとしたイメージなんですね。なぜこういったことが起きたのか、言葉として落とすのは大事でしょうね。

加害者が被害を知る

信田　ひとつ補足すると、加害と被害は、もともと法律の言葉なんです。法律の言葉が、家族という親密な関係に入ってきたことは、日本では家族の革命だったと思います。もともと、家族や恋人の間には法律用語が入らなかったわけで。だから、いま加害／被害って、女性たちを守るために当たり前に使われるってことが、すごくいいことだと思っています。

　だけど、加害者と断定してしまうのに抵抗がある。というのは、いまの話は、母と娘の問題とすごく重なる。母娘関係のテーマで、沖縄から二回講演に呼ばれています。みなさん、近くの島からも聞きに来てくださった。すごい熱気でしたから、沖縄での独特な深刻さが、講演させてもらってわかった気がするんですね。

娘としてお母さんと距離をとり離れるのはとっても大事なんだけど、最終的には、自分の母親がなぜあのような子育てをして、娘の幸せを妨害し、自分の幸せのために娘を思いどおりにしたのか、といったことを、娘の立場から研究・解析しないといけない。そのことと、いまの「言葉に落とす必要がある」っていうのは、共通してるように思いました。

上間　そうなんですよね。被害者の側にいるにしても、加害者がどういう考え方なのかを知る必要がある。自分を怒らせたのはおまえだと言って暴力を正当化する認知のバグだったり、暴力をふるう瞬間の解離だったり。何が起きていたのかを言葉で知っていくことは大きな課題だと思います。

　ところで坂上香さんの映画『プリズン・サークル』は、日本の刑務所に入った加害者たちが、犯罪の手前にあった自分の受けてきた被害について語り出す過程を丁寧に撮った作品でした。信田さんはどういうふうにご覧になりましたか。

信田　あの映画のすごいところは、自分が被害を受けたなんてまったく思ってなかった受刑者たちが、ＴＣ（Therapeutic Community＝回復共同体・治療共同体）のなかで虐待経験を思い出していく、そこから自分の加害行為によって被害を与えられたひとの思いに至って泣いちゃうところね。すごかったですよね。

上間　ああ！　ケンタロウさんですね。恋人が妊娠して、結婚して出産を目指そうとしているときにお金がなくて、叔父の家で傷害事件を起こした方。同じような加害の体験を持っている男性受刑者たちが、そのときのことを思い出して泣いているケンタロウさんに、「泣いているけれど、その涙はだれのための涙？」って聞く。そういうふうに泣いていたとしても、その行為だけでそれを許すことをしない。追及されながら、自分の可愛がっていた甥っ子が突然自分を襲うという、叔父が対面させられた恐怖の場所に彼は立たされてしまう。そこからしか、謝罪というのはないなということが、よくわかる映画でした。

そういう試みが増えてほしいと思いながらも、あえて、性加害の問題に踏み込んでみると、あの映画はどうありえたのかということも考えました。刑務所には、性加害者もいます。坂上監督は彼らを撮るのだろうか、もしも撮るのなら、どういう了解が監督にあったときだろうかという思いもありました。

性被害の特殊性

上間　いま、若年出産調査で七五名に話を聞いています。再生産の過程、沖縄の共同体の特徴だったり、なぜ若くして子どもを産むのかだったり。

彼女たちの家族戦略というのはなんなのかということを知るために行っている調査なんですが、やってみてわかったのは、暴力の被害者が多いということです。話してくださった方で、五〇名の方が被害者です。

そして、最初の仕事が風俗というのが四七名と圧倒的に多く、また全員が一八歳以下なんですよね。沖縄の風俗業界は、若い子たちと非常に近いんです。コミュニティの男性たちがそこにいて、女の子たちを引っ張るというのもありますし、女性の先輩が後輩を引っ張るというのもあります。

でも、今回驚かされているのは、近親者の性暴力の被害者が家族にいると話した方が七五名中五名いる。そのなかの四名は直接の被害者です。彼女たちは家族から繰り返し性暴力を受けている。そのひどさときたら。

『プリズン・サークル』は間違いなくすごい作品なんだけれども、性加害の問題がここにあったときに果たして私は了解できるのだろうか、と。まだそういう考えが追いつかなくて。

信田　私も委員として関わった性犯罪者処遇プログラムが二〇〇六年に制定されたのは、

二〇〇四年一二月に起きた奈良小一女児殺害事件がきっかけでした。犯人は類似の小児への性犯罪で受刑経験があったんです。そのことからメディアも大きく取り上げ、法務省は何をやっているのか、再犯防止をどうするのかと騒がれたんです。刑務所内でのプログラム開始から一五年経ちましたので、改めて効果検証とプログラムの見直しが行われました。

二〇〇五年に委員としてカナダに視察に行ったんですが、当時からカナダのプログラムは認知行動療法（物の見方や考え方の修正によって行動の変容をはかる）を基本としていました。そこでは、なぜ彼らが性犯罪を犯したかという原因（why）は問わずに、どうやって再犯を防ぐか（how）に焦点を当てていくんです。

私たちが実施しているＤＶ加害者プログラムも、カナダ由来のもので認知行動療法をベースにしています。過去の集積（どんな人生を送ってきたか）はさておき、とりあえず再犯をしないことを優先させるプログラムですね。

それって実はアルコール依存症などのアディクションと同じなんです。今日一日飲まない、これが何より大切なんです。断酒して一年から三年くらい経つと、なんで自分は依存症になったんだろうという時期が来ます。そうすると彼らは、例外なく鬱になったり再飲酒したり、別のアディクションに行ったりするんです。

ですから、それを見ると、性犯罪のプログラムが過去に触れない理由ははっきりしていて、そうすると彼らはまたやってしまうんです。

上間　TCのような、自分の受けてきた被害者性を主題にする方法は、あまり有効ではなくて、むしろこれからの行動をどう変えるかが主軸になる？

信田　カナダのDV加害者プログラムでは、彼らの被害者性を強調することで、親の虐待のせいだ、社会的不遇のせいだとして免責されることを避けるために、あまり被害者性を扱わないようにしているんです。

　刑務所に入ってるときはある意味安全なんですが、日常の社会生活を送りながら内省的になると、逆にイライラしてきて再発しやすい。そういう危険性があるというエビデンスもあるそうです。だから、性犯罪者のプログラムも、一般のひとが考えるように、どうやって反省させるかとか理由を考えるというのとは、ちょっとかけ離れてるんですよね。

上間　アディクションは、とにかく今日はやらない、ということですか？

信田　そうですね、アディクションは病気とされていますが、行為をやめることが目的です。性犯罪は病気じゃないので、そこが大きく違いますね。そこの分け方は重要です。でもアプローチは似ている。

上間　なるほど。ＴＣみたいなかたちはない？

信田　ＴＣの要素を取り入れたプログラムもあるとは思いますが、やはり効果（エビデンス）とリスク（コスト）とのバランスでしょうか。

　ＤＶ加害者プログラムはもともとフェミニストが始めたものですから、ジェンダー的視点が含まれています。配偶者間に限定されたＤＶと違って、性犯罪処遇プログラムではジェンダー的視点はそれほど強調されているとは思えません。同性への性犯罪もありますし、近親者への性虐待も含まれますから。カナダでは家庭外（社会内）の性犯罪と、家庭内性犯罪とを分けています。前者と後者をいっしょにプログラムに参加させることはしないようです。

　性虐待の加害者は別建てのプログラムに参加することになります。刑務所の中で、性犯罪者は他の犯罪者から徹底的に差別されるといいます。強盗致傷の受刑者は、性犯罪受刑者に対して「お前らと違うんだ」と言い、性犯罪受刑者は、娘への強制性交の受刑者に対して同じことを言う、みたいなジョークを聞いたことがあります。

仏壇継承者

上間　さっき沖縄の母娘関係には独特の濃密なしんどさがあるとおっしゃっていました。調査をしていて感じるのは、コミュニティをどうやって守るかというしわ寄せが娘たちに来ているということです。まずは母にしわ寄せが来ているので、今度は母が娘に負わせるのだと思うんですけど。

いまお話しした近親者の性暴力も、やっぱりコミュニティのなかの強者がやっているんです。気づいていても、だれも止められない。調査をして気が付いたのは、長男の性暴力です。父親もありますけど。いま気になってるのは、兄ですね。

信田　兄が多いですね。兄から妹ね、本当に多い。

上間　女性から話を聞いていて思うのは、家族は本当は気付いてたんじゃないか、ということです。ただ、加害者は仏壇を継承するひとです。家族の中で明るみに出されたとしても、事件化はしない。

信田　ああ、すごい。仏壇継承者……。

上間　こういう事例では、被害者の言葉をとことん奪うなあって見てるんです。被害者も、家族の行事には参加しないといけない。距離の取れないなかで、長く被害を受けて苦しむ。話してくださる方々とは、関係をとにかく切らないようにして、何か不調が起きてきたときに、一緒に考えましょうと話してるんですけど。

一人の方は、いま、ＥＭＤＲ（ＰＴＳＤに対する治療法のひとつ）を手掛けている先生に見てもらっていて。本人も先生が好きで、診察のあとは目に見えて晴れ晴れとするんです。たっぷりお話も聞いてもらえるし。

私からすればすごく危ないことをその子がしているように見えているときでも、先生は主体性を絶対に奪わないやり方でアドバイスしてるんですね。信田さんがおっしゃっている、本人が選んでいくということを手離させない。それが、長い目で見たときにどれだけ効くのか、まざまざと勉強しているところです。

信田　仏壇継承者って言葉を聞いたときに、なんか、そっか……と思いましたね。

いろんなグループカウンセリングやってると、兄からの性虐待被害を受けている方が多いんです。やっぱり、どう考えても、母親は気づいていた。だけど、何もしてもらえない。一〇年くらいしてそのことを言うと、聞こえないふりしたり。パッと話題を変えて娘が非難されたりとか。言葉が入る余地がない。
　上間さんの見ている現実、私がカウンセリングで会っている方というのは、日本で言えばごく一部でしかないんだけど、日本全体で言えばものすごい数いると思うんです。だけど、そのひとたちが家族の性暴力被害者という言葉を手にしたときに、今後どうやって生きていったらいいのか考えると、言葉を失うような感じもありますよね。専門家もあんまりいないし。

上間　それでも、本人たちが、「治りたい」とか、「フラッシュバックをコントロールできるようになりたい」とか口にするんです。「優れた専門家がいるよ」と話すと、「いつか自分も行けるかもしれない」と口にするんですよね。なので、長い目で見たら、回復してる。変わりたいという思いがある以上、回復の道にあるなと思います。

信田　そういうふうに上間さんがおっしゃると、私たちの仕事も意味があるなという気がします。

暴力の構造を知る

信田　専門用語って、当事者が使いこなせないと意味がない。専門家の研修会で盛り上がっている言葉よりも、いまのように、自分の変な感じ、突然苦しくなったり、あの道路通れなくなったり。冠婚葬祭の、そのこと考えただけで身体が痺《しび》れたり。言葉がないと、なんかへんな自分ってなっちゃうけど、これがフラッシュバックなんだと思うと、自分に起きた反応を前向きに捉えることができますよね。

上間　そのときのことを思い出しても防衛できるというのは大事ですね！　言葉が助けるんだなあと思います。

信田　私は構造というか仕組みを知ることが、被害者は必要だと思っています。ＤＶの被害者も、ＤＶの構造ってどうなっているのか、加害者がどうやってＤＶをやめていくのか、加害者プログラムを知ることで回復できる。自動車も、運転免許講習で構造を知って運転できるように、暴力という鉄のかたまりみたいなものも、構造を知って安心できると思います。

　フラッシュバックが襲ってきたら、私はよく、時計を見てくださいって言うんですよ。で、それが収まるまでどれくらいかかるかを記録する。そんな方法を提案することもあるんです。ある現象をフラッシュバックって名づけて、どう対処したらいいのか具体的な方策を知る、それで恐怖が少し減って、フラッシュバックどんとこいという感じになれるんじゃないかなと。

上間　現象を表す言葉がなく、それに巻きこまれることと、現象を名づけ、今度はこれができるという準備ができるというのは違いますよね。いま教えていただいたことは、すぐ教えてあげたいと思います。

スタイルの違い

上間　最初に加害被害の話になってしまったんですけど、聞くということについて、私の調査と、信田さんのやり方の違いについて聞きたい方もいると思うんです。
　信田さんは、聞くよりも見るということを重視していますよね。語られる話を映像化しながら聞いている。

信田　そうですね。いま感情の問題はひとつブームになっているところがあるんですけど、あんまり共感性を私は考えない。このひとが何を感じているかというより、このひとの言ってることで、私が何を見ることができるか。見たものをどうつなげてストーリー化できるか、そこにはどんな仕組みがあるのかを聞いている。

上間　信田さんが見ることを大事にしてるというのを聞いて、私もそういう感じもあるんですよね、お話を地図でもって想像してるというか。

調査の初めは、地域を歩くんです。最初に会うときに、〇〇中学のだいたい何期生というのは教えてもらってるので、校区をぐるっと歩いて、だいたいこういう動線だったかな、こういう景色を見て育っているのかなと考えてお会いします。もうひとつは、インタビューのなかで、地図が見れるような状態でお会いしたり。

ただ、私は、もうちょっと共感が強いのかな。シビアな話を聞いたときは、いったんひと泣きしますね。泣くと、その方のお話が自分から離れるんですよ。

だから、今日はしんどかったーっていうときに、しんどいしんどいと思いながら、家に帰ってとりあえず一〇分間泣く。そうしたら、切り替わる。ああ、聞かせてもらったのはこういう話だったのねって、とりあえず収まるところに収まるので。それでデータの整理をしたりとかします。あんまり残さないようにはしてるんですけど、残像はあるなあと思っています。

信田　私は年齢的にもうすぐ後期高齢者ですけど、カウンセリングは、本当に頭をフル回転しないといけない。ぼうっとしてると、新幹線が走ってっちゃうみたいな感じで。いつも、言われたことをイマジネーションで映像化して、物語化して、仕組みを考えて、次何を言おうかって考えているから。
私は、カウンセリングで泣くってことはほとんどない。目の前で泣くひとはいっぱいいるけど。泣かれることは慣れてるので。泣いてるーって感じなんですよ。だから、上間さんがひと泣きするって聞いて、そっかーって思ったんですけど。泣くってのはなんですかね、浄化？

上間　いやー、なんでしょうね。一五歳のときにこんなことが起きたらつらいよね、みたいな（笑）。そりゃあ、大人不信になっちゃうよね、とか。社会ぜんぶ信じられなくなるよね、とか。やっぱり感情がうつるんですかね。

学校が話を聞けない場所に

上間　ただ、私は猛烈に腹も立てています。貧困であったり、性暴力の被害だったり、こんなにも大変な状況だったのに、なぜ大人は気づかなかったという苛立ちもあるんですね。教育学に携わり、沖縄の学校に関係している者としては、学校が、どんどん子どもの話を聞けない場所になっているということは、ひしひしと感じています。

　いまの調査の子たちも、不登校開始年齢が明らかに下がっている。小学校から行かなくなってる。なので、そのときの問題というのはよく学力だと言われるのですが、違う。ピアグループ（仲間）をもっていないので、言葉がほんとに出てこない。

　前の調査では、とくにキャバ嬢が多かったので、彼女たちはヤンチャで暴れん坊でもあった。中学校不登校のヤンチャな子たちが、未成年の早い時期に風俗業界を出入りするようになって、その後すぐにママにもなって、でもピアグループがいて。要するに、自分のことをしゃべることができるひとたちだったんです。

　いまの調査の一〇代は、不登校の開始年齢が小学校四年生くらいまで降りてきていて、ピアがないんです。ツイッターでもＬＩＮＥでもインスタでも、ネットワークはありますよ。でも、リアルでだれかに会ってお話ししてないので、自分に起きた事柄を話すのにすごく時間がかかる方々なんですね。こんなに語りづらい子たちにしやがって、学校はいったい何してくれたよって。

信田　ＳＮＳでいっぱい言語化はしてるけど、リアルで話せないってことですか？

上間　ＳＮＳでの言語化は豊かかというとそうでもない。それに加えてリアルで会ったときに、すごいトラブルが出てきます。

たとえばＳＮＳで書いていたりするのは、子育てはこういうふうにしているという話だったり、夫との関係についてだったり。でも、その子たちがリアルで会ってみたらぜんぜんちがってたとかですね。子どもに対する態度、あれはないよねっていう些末なチェックからはじまって、あの子は中学生のときに何をしていた、実はこうだったらしいとか、そういう過去の情報がダダダッて出てくるんです。

若いママたちがリアルで会い、会ったばかりのひとどうしで初めてつながるときには、だれかを落としてつながることが親密さの呈示になり、相互につながりやすくもなるんです。だから余計に相手を落とす話でつながろうとします。

以前の調査は、大人には絶対に友だちのことを教えないという話のラインがはっきりしていましたね。仲間を売らない子たちでした。でもいまは、いろいろな情報が動いています。そしてリアルで会うとトラブルが発生している。

なんていうのかな、ネットワークの交友関係は広いし、いくつもコミュニティがあるように、一見みえる。でも、それぞれ情報が還流することでトラブルが発生している。自己について語りきれない、そしてそうしたトラブルを自力で解決できる力というのが、非常に弱くなっているように思います。

信田　家族のなかでも話していないってことですか?

上間　うーん、そもそも幼いころから話を聞かれていません。

援助が料金に見合うか

信田　カウンセリングに来る時点で、あるていどの言語化ができる。そういう意味では、言葉に恵まれている。私は、不遜な言い方をするとね、文学読むように聞いているって感じもありますね。

もちろん文学も好きですけど。目の前で話すひとを超える文学は、そんな多くないですよね。優れたクライエントというか、私にとって震えちゃうようなことを話すひとっているんですね。なんだか震えてしまう。感動するわけでもないけど、私の持っている言語能力とは別のところからくる言葉で語られると、世界がぱっと、モーセの十戒で海が裂けるみたいに。

この年齢ですけど、そういう現場に居ることができる。そういう話を聞いて、私は、どんな助けになるだろうって。カウンセリングは料金を支払ってもらうので、たえず、その料金に私の援助が見合うのか、査定が入るわけです。それも泣かない理由かもしれないですね。

上間　信田さんのところ、そうそうたる方がくるんじゃないですか。ちなみに、一時間おいくらですか？

信田　一般的には一万二〇〇〇円＋一〇パーセント。

上間　もっと高いと思ってました。

信田　いやいや、私は別料金なんですが（笑）。そんなに高くはないみたいです、精神分析系の臨床心理士に言わせると、信田さん安すぎって。

でも、この状況で、失職してシングルで子育てしたり生活保護もらってるひとだったり、みんな大変です。そのなかで、毎日少しずつお金を貯めてカウンセリングに来るひともいるんですね。だから、三〇分とか一時間で、できることをぜんぶやらないといけない。お金の問題は大きいです。

上間　すぐに予約はとれるんですか？

信田　最近は予約が混み合っていますが、一カ月かからないと思います。いま一〇人スタッフがいるんですが、この一〇人というのはすごく意味があって。ＤＶの夫が来て担当者がつく。被害者が来て、また別の担当がつく。その子どもで一五歳の不登校の子が来ると、また別の担当者がつきます。三人が、それぞれの立場で話を聞いて、ひとつの家族を複数のカウンセラーが見て連携が取れるという利点があるんですね。そういう例はすごく多いです。性虐待の加害者にも会いますし。娘から「毒母」って言われたというお母さんが来たりもします（笑）。

上間　すごいなあ。

信田　信田さん、ビシバシやってくださいって言われて、お母さんが連れてこられて、実際にお会いすると、このひとはいったいどんな経験をして自分を捨ててこんな母親になってしまったのかというのが見えたりするんです。それはちょっとつらいっていうかね、近親憎悪みたいな感じになります。年齢が私とそんなに変わらない女性たちだったりすると、ダメじゃないの、同じ時代を生きてきたんでしょ、なんでそうなっちゃったのって腹が立ったり。

上間　そうやって、目の前のひとの話を、お金に見合うかたちでともかく言葉を返してあげたいっていう仕事ですね。

質疑応答へ

上間　質問がたくさん来てるので、見てみましょうかね。

ひとつめ、読みます。「被害者が加害者を理解しようとすると、よりつらい気持ちになると思います。どのような理解の仕方が、被害者にとっていいのでしょうか？」これ、とっても大事な質問ですよね。

信田　理解という言葉の意味だと思うんですよね。いろいろな意味を含みますので、私は理解という言葉よりも、説明責任というか、アカウンタビリティ（accountability）という言葉のほうがいいのではないかと思っています。

何か加害をしたら、「私はこういうことをしたので悪いと思っています、申し訳ありません」というのが責任を取るということですが、それをなかなか加害者本人はやりません。

実は謝るとか謝罪するって「被害者に責任を取る」ことの一つに過ぎないんですね。そのあたり誤解されていて、謝ればいいんだろとか。でもDV被害者のひとたちは、自分が何に傷ついたか、あのときどんなことが起きどんなことを夫に言われたか、そのとき子どもがどんな顔をしていたか、それらを全部認めたうえで謝ってほしいと思っています。このような「加害行為の説明」のことを説明責任と言いますし、それを説明できることが、加害者が責任を取ることだと思います。

でも、多くの加害者はそんなことをしませんし、自分が傷つけた内容をあまり理解していないのではないでしょうか。そうすると、被害者は相手がなぜあんな言動をしたのかが「理解」できませんよね。被害者にとっては、自分の被害の意味がわからないことになります。

上間　なぜこんなことが自分に起きてしまったんだろうっていう、わけのわからなさはものすごくつらい経験ですよね。

どんなに懇願しても殴られ続けるっていうのは、とんでもない、世界に対する信頼を奪うような体験なんです。彼はこういうときにこういうキレ方をする、あの事件のときもそうだったとか。父親も暴力をふるうひとで、彼も殴られ続けてきたとか。そういう理解をすすめることは、一定程度とはいえ、なぜこんなことになったのかというところに言葉を与えるなとは思います。

わけのわからなさの射程がグッとちっちゃくなる、そういうこととして理解が考えられるかなと思います。

信田　おっしゃったように、射程が小さくなるということは明晰になることですね。世界はあるていど明晰じゃないといけなくて。

話は飛びますけど、日本学術会議の件ですが、なぜ政府が任命拒否したかの説明をしませんね。数の問題にすり替えて、理由の説明は決してしようとしない。イタリアの文科省関係者による報道機関へのコメントに、説明をしないのは暴力だっていう一節があったんです。私、すごく納得したんですね。

たまたま運が悪かったというのはダメで、殴ったひとは説明すべきだと思う。「あなたのそこが気に食わなかった」って説明でもいい、ないよりは。そして、申し訳ないけど暴力ふるってしまった、いまはこう思ってるとか。自分なりに、持てる言葉で説明しないといけないし、被害者はそれがないときに、自分なりに理由を探らなければならないんですよ。

こんなひどいこと、ないですよ。だから専門家や第三者はそれが説明できるように援助しないといけない。

上間　次行きますね。「暴力や加害者に対して、イラッとする／しないひとの違いを教えてください」違いはなんですかね？

信田　認知行動療法では最近「認知の歪み」っていうのが流行なんですが、私はあんまり好きではなくて。ベースになってるものの考え方が、世界は敵だとか、他者は自分を嫌ってるとか、そう思っていると、イラッとするのかもしれない。自分が信じられるひともいるとか、猫がいればその猫は絶対自分のこと好きだと思えたりすると、感情も変わってくる。

ＤＶ加害者プログラムでも、妻の行動がイラッとするんですよというときに、そのイラッとすることの背後には、どういう考え方があるのかをみんなで勉強したりします。いちばんいけないのは、性格だとか、生まれつきなんて考えることです。絶対いけない。

上間　微分化していく、ということですか。

信田　そうですね。はい、微分化！

加害者の普通さ

上間　「性犯罪加害者の領域で仕事をしていました。加害者の普通さを感じます。話を聞けば聞くほど、自分たちとどれほどちがうのかと思いました。そういう目からすると、メディアの分断のほうがおかしいと思います」ほんと、そうですね。

信田　女性のアルコール依存症者のグループカウンセリングを実施していたときに、あまりにも私と共通するところが多くて、なぜこのひとたちは依存症になって、私はこんなに偉そうにカウンセラーやってるんだという問いがいつもありました。

そういう問いって、臨床をするうえで、すごく大事な考え方だと思います。どこが分かつのかがポイントになってくる。それは、異常／正常ではないんですね。

上間　私も、暴力への連続性は感じるんです。私は殴らないんですけど、地続きの話だと思っています。とくに、子ども育ててるので、自分も子どもに対して加害をしてしまうかもしれないとは思います。

私にとっては、ストッパーがあるかないかっていう問題なんです。私には、話せるひとがいっぱいいるし、私が何かやったときに悲しい思いをするひとたちがいっぱいいる。それが目に見えているので、私は暴力をふるわない。ああ私はいま暴力的になりそうだなあと思ったときは、娘のそばをそおっと離れたり。ちょっと一人でいられるようにしてみるとか。要するにそれは単に資源の問題なんです。

信田　連続性を感じることと、何が分かつのかというときの、上間さんの言葉でいうストッパーとか。

私が、これは有効な分岐点だったなと思うことはあります。こういう仕事して親に感謝するしかないんですが、暴力を受けたことがないということが大きいかもしれない。亡くなった父に感謝です。分かつものは何か、でもつながっているものは何か。すごい大事だと思いますね。

上間　「加害当事者の正当化以外の声が、なぜこの国では聞こえてこないのか？」

男のひとたちも、自分の弱さが話せないだろうなとは思うのですが。調査で打越さんが男性と一緒に泣いているのを見てて思ったんですけど、もうすこし弱さの味わいというか、そういうのがあると男性の語りは変わってくるかなとは思います。

信田　そうですね。男らしさのなかにこめられた弱くあってはいけないという強制、これは苦しいでしょうね。

私は、泣くのは男性のほうが多いんじゃないかと思います。四〇代から下って、よく泣きますよね。あんたたち、泣きゃいいと思ってんじゃないのって思うぐらい(笑)。『号泣する準備はできていた』というタイトルの本がありましたよね。だから、泣きたいんじゃないか。映画館でも、泣いてる男のひとが多いですよ。

上間　ええー、沖縄の男、泣いてるかな……。

信田　『君の名は。』見に行ったんですが、映画館のなかですごい泣き声が聞こえてくるわけですよ。私、わりとキョロキョロしてるんですけど、男の子って、泣ける場所を求めてる感じがしたんですよね。

悪いことではないとは思うけど、泣きながら殴る男もいますから。決まり文句がありますよね。「なんで僕を怒らせるんだ」って。

上間　そうそうそうそう。ありますよね。

信田　あと、「君はいったい僕に何をしてくれたんだ」っていう。このふたつ。

上間　このまえ調査の子が、ＩＣレコーダーを研究室に持ってきたんです。パートナーにレコーダーを仕掛けられてるのを発見したんですよ。車にレコーダーがあったんだけど、充電器がないから聞けないと連絡があって。私、たまたまそのレコーダーの充電器持ってて、充電して、ふたりでそれを聞いたんです。

男が三時間、この子を責め続けてる。「どうしてオレの気持ちがわかんないの」っていう話法で、三時間！　クラクラしながら、「こんなことを聞かされていたら、洗脳されちゃうね」って。「よーし、これは裁判の資料にしよう」って、その子は帰っていったんですけど。

加害者は同じことを言ってるんだなという感じがしますよね。自らの被害者性の強調と、それにのっとった自己正当化という。

厳罰化は何も解決しない

上間　次です。「厳罰化や自己責任論の蔓延がかえって社会の安全を遠ざける」

信田　本当にそうです。カナダは死刑がないんです。そうすると、どうやったって社会復帰させないといけない。日本で言うと法務省の矯正局あたりも社会復帰を目指さざるを得ないんだけど、日本は死刑にしちゃえばいい、みたいな。

二〇一七年に座間で起きた事件でもね。私、犯人に対してＴＣやってほしいと思うんです。ああいうひとたちに、強制的に参加させて、苦しんで苦しんで、のたうちまわらせてやりたいって思う。

上間　死なせてあげるなんて、とんでもないということですね！

『海をあげる』という本の話をすると、そこに私が若いころ被害を受けたという話を書いたんです。まあ、私のは被害というほどでもないとも思いますけど。ただあのときに、死刑とか本当にダメだなって思ってたんですよね。痛みがここにあるということをわかってほしい。それをわかってくれるのならば、かつての友人を私は許すのにと思いました。

つくづく、死刑は何も解決しないシステムだなと思います。ＴＣなんかをやることで、本当の意味で、被害者が受けた恐怖というものを体験してしまう。それが一番のつらさであり、社会復帰に向けて必ずやられないといけないことだと思います。

信田　笑っていただいていいんですけど、お化け屋敷ってあるでしょう？　あれみたいなものを刑務所につくって、入り口から入ると被害者の苦しみを味わうような装置があって、それをずっと通らないと出口まで行けないと。出てきたときにはもうヘロヘロになって、というものを、それが本当の刑罰だと思うんですよね。

上間　（笑）「自分の家族を加害者と捉え、自分の被害に向き合うのはしんどいと思います。家族の関係を壊さないようにするには、どうすればいいですか？」

信田　私は、娘から苦しみや重さを突き付けられたお母さんに対して、説明する言葉は用意しています。「自分のやったことの責任を取ってくださいと言われることは、自分が責任を取れる人間として尊重されているからだ」という。

だから、いまの論理にも通じて、死刑にしたらおしまいというのは、「このひとには、被害者の苦しみを味わう能力もないし、責任取る力もない」ということです。だから、国が殺しておしまいだと。加害者を馬鹿にした話です。

夫がＤＶ加害者だとしても、自分がやったことの責任をちゃんと取ってくださいと。

上間　極論すれば、夫を愛してるからであって、加害者として非難してるわけじゃないという論理を使うんです。どう思いますか、上間さん？

信田　なんとかそれで交渉のテーブルから逃さないというすごみを感じました（笑）。

上間　国際政治の交渉と同じです。

信田　そういう、現場からの声でした（笑）。

言葉をいっしょに探す

上間　次、質問ではなく感想です。「責任の概念と、心理や精神への理解に基づく見方が必要だ」と。

暴力は暴力であって、それは責任を取らないといけない。でも、そこに至ったのはなぜだったのかということも、了解可能なものに落とし込んでいく。「両方やらないといけない」というのは、本当にそうですね。

信田　私は、少数派だと思いますけど、これだけ暴力の問題が起きているときに、心理とか精神という現実とは隔絶した内面があって、虚しさを抱えて生きていくみたいな、それこそ高尚な内省のようなものにはあまり与しないんです。

上間　もうすこし、なぜその立ち位置をとらないのか、聞きたいです。

信田　私は依存症からはじまって、カウンセリングでお会いするのは筆舌に尽くしがたい経験をしてきたひとが多かったからですよね。だからこそ、自分の内面を見つめましょうということは、あんまり考えなかった。

密林を歩いていくときに、猛獣や毒蛇がどこから襲ってくるかわからない、蔓《つる》に足を取られて沼にはまるかもしれないですね。絶えず緊張して恐怖と闘わなければならない、そうやって生きてきたひとたちだったと思うんです。だから聴覚が鋭かったり、周囲への警戒感だけが突出しているのも、サバイバルのために必要だったといえます。

こうやってとらえていくと、そのひとたちが密林を出たときに、何を身につけてしまったのか、それを説明する言葉をいっしょに探していく、そのために専門家の存在があるのかもしれませんね。

私はこれまでの専門的な用語で果たして足りるのかといつも思っています。新しい言葉が要るんじゃないかということですね。

上間　次行きます。「被害者が自分自身の経験を言語化するのに困難を感じるとき、どのようにしたらいいですか」

ほんとう！　これは難しいですよね。信田さん、どうしたらいいですか？

信田　そうですね、被害という言葉で自分の経験を整理するのは、けっこう時間がかかるものなんですよね。まず被害と思いたくないところもあるし。被害というと、負けたような気分になったりするので。

だから被害が自分の武器になると思わないと無理でしょうね。いたずらに復讐するという意味ではなくて。あのひと、被害者であることを振りかざしてるね、みたいな反応をされるかもしれませんが、それくらいじゃないと被害を受け入れることは難しいと思います。被害者であることが自分の中に少しずつ落とし込めるようにならないと、経験の言語化は難しいです。

そのとき大切なのが、同じ経験をしたひと（仲間と呼びましょう）の体験談です。グループカウンセリングはその点でとても有効ですね。他の参加者が経験を語るのを聞くことは、自分の経験が言語化されることとほとんどいっしょで、同時進行ですね。

「我がことのように聞く」とは、こんなことなのか、と毎回思わされます。

ゼロ・トレランスの弊害

上間　「学校が聞けない場所になっている背景は？」

学校で起きてるのは、子どもたちに対して、「ゼロ・トレランス」という徹底した寛容ゼロの考え方が入ってるんですよね。私は教職の科目である生徒指導の免許を出すために雇われている教員なんですけど、少年の凶悪犯罪がいくつか起こり、それが実況中継のような形でテレビで放映されたあと、若者嫌悪＝ユースフォビアが時代のムードになりました。

そのときに、アメリカでも銃乱射事件のあとで若者は怖いというなかで、ゼロ・トレが学校現場には導入されます。日本でも同じですね。事件のあと社会不安が高まり若者が問題だとされる。いま学校現場では、あらかじめの約束を守らなかったら罰せられますということが、入ってきてるんですよね。

もうひとつが、スタンダード強化です。沖縄では全国学力・学習状況調査、いわゆる「学テ」の点数をあげるという動きとセットになって入ってきてますけど、「何々小学校の子どもはこういう子です」とあらかじめ学校が決めている。「こういう子」

というのは、「朝は明るく挨拶をします」とか、「廊下は走りません」とか、子どもが決めたわけではない、大人が考えたきまりがあらかじめ決まっていて、それに基づいていろんなことがなされる。
　校長便りに明記されており、鼻高々の校長もいますよ。公表しているんですから。これをきちっと守らせていたら、評価される文脈がつくられているので、教師たちは子どもの声を聞く力を失くしますよね。だって、子どもがそこからはみ出すことをしたとき、それをキャッチできない自分であることに教師たちが反省的にならない。
　逆に、子どもの声を聞く教師たちが苦悩しています。同僚集団から認められないなかで教育活動を行っていくのは、とても難しいことです。子どもを中心に置くと決めた教師は孤軍奮闘しています。学校の聞けなさはそういうことかなあと思います。

信田　ゼロ・トレはすごいですね。

上間　調査をしていると、そんなこと言ってる場合じゃないって思うんですけどね。

信田　虐待やＤＶには甘いですよね。私、アメリカやカナダの虐待対策でゼロ・トレランスという言葉を聞いたとき、すごい新鮮だったんです。日本は、それじゃないですからね。

上間　暴力に対する寛容度ゼロではなく、子どものコントロールのためのゼロ・トレランスなんです。

父親に惨殺された栗谷心愛さん、彼女のことは野田の事件とか言われますけど、あの子は沖縄の子で、父親が野田に逃げたんです。もともとは沖縄の糸満市というところで育ち、そこは漁師町ですごい共同体が強いところで、男のひとが伝統的に強い。男性のＤＶを訴えていたのが母であり祖母であったから、あそこまで学校や行政は聞かなかったと私は思います。共同体の男たちが言いに来てたりすれば、またちょっと違ったかと思います。

信田　すごい納得。眼から鱗だった。

上間　はい、次にいきます。「被害者の話を聞くときに、資質があるのでは？　上間さんの笑顔、柔らかさみたいな？」うーん……資質みたいのってありますか？

信田　えっ？　私は資質って考えたことないですね。まあ、個性をどう使うか、ですかね。

上間　なるほど、次です。「沖縄は豊かに見える」

一方で、所得分布の不平等を表す指標のひとつであるジニ係数をみると、沖縄は貧富の差が激しいというか格差社会だということもわかっています。東京とかの、年収一五〇〇万以上のひとをターゲットにした雑誌が普通に手に入る地域もあり、その地域の子どもたちは学校で東京弁を話しますよ。沖縄内部には、いろいろあります。極端にいろいろあるのが沖縄かなって思います。

まずはいい時間をつくる

上間　次です。「ソーシャルワーカーとして、窃盗などの事件を起こした障害のあるひとの支援をしています。生活を立て直すお手伝いをしてますが、そこにいたるまでにつくられたひとを変えるのも簡単ではないなと思います」

信田　それはよくわかります。

上間　生活を立て直すということについては、私も成功しないんです。でも、まあ、ほっとできる時間とか安心できる場所をつくることのほうがはるかに先だと思っています。
インタビューの時間はとても楽しく、最後は笑って終わるとか。その日の夜のメッセージのやりとりがとても楽しい感じでなされるとか。今日よかったなーって思えるようにするほうが先かなって。もちろん介入というかたちを取らざるを得ないケースもあるんですけど、つくづく生活の変化は難しいですよね。

信田　私も、長年生きてきたひとに対して無力感を感じることがありますけど、やっぱり、記憶に対する期待があるんですよね。ほんの一言でもいいから、たとえば娘が親に対してこれだけは言いたい、そんなこと言ったって絶対わかってくれないと思っていても、一言、あのときのあの言葉（行為）で深く傷ついていますとか、そういうことをわずか三秒で言う。それは否定されるに決まってるんだけど、親の記憶に残るわけじゃないですか。聴覚があるんだから。私は、それだけに期待をかけるというか。
カウンセリングなんて人生のほんの一部分でしかないけど、上間さんがおっしゃったように、あの場でちゃんと自分の話を聞いてもらえた、絶対否定されなかったという経験の意味っていうのかな、記憶というのは、そのひとの人生で重要なものだと思っていますね。

上間　そういう時間がつくれるといいですよね。次です。「調査対象にそのように深く関わることにためらいはなかったですか？」

あ、これは私の出産の立ち合いとかですね？　たしかに私は病院ごとを頼まれるんですよね。中絶手術のときに未成年で、全身麻酔の処置があるけれど、パートナーや親に話せないということがあるので。そういうのは、事情を知ってしまったので、やらないといけないかなっていう感じですかね。

ネットワークのあり方は、もともと調査の質問項目として総ざらいで聞いているんです。だから頼まれたときに、やっぱりどこにも頼みようがなかったなとも納得するので、そういうふうに関わりますね。ためらいはなかったです。私の目の前に、その方が現れてしまったので。

三つの責任

上間　では、次にいきます。「DVの加害者プログラムについて、加害の背景を説明しなくていいというのは、暴力では？」

信田　加害者が説明しないのは暴力だというのと、認知行動療法がその背景や理由を問題にしないというのは、両立すると思っています。

これから日本でも、DVの加害者プログラムに国が乗り出さざるを得ないでしょう。そうなったときのプログラムというのは、おそらく、そのひとの生育歴などはいったん傍に置いといて、二度とこういう暴力をしないためにはどうしたらいいかという、実に現実的なプログラムになると思う。そのことと、説明しないのは暴力ということは両立します。

ちょっと詳しく説明しましょう。私たちが実施しているDV加害者のプログラムは一八回で構成されています。大きな目的は「被害者支援の一環として」「被害者に責任をとること」になります。

責任には①説明責任と、②謝罪・賠償責任と、③再発防止責任の三つがあります。これらは、認知行動療法を基本にして、一八回の中に組み込まれています。カナダのブリティッシュ・コロンビア州で実施されていたものをリメイクしていますが、内容的にはとてもいいものだと思います。ファシリテーターは、グループの中で、自分の加害行為について正直に話すことを援助していかなければと思います。

上間　「沖縄の母娘問題について教えてください」

共同体を下支えするためのしわ寄せは、女性にきています。行事ひとつとってもそうですよね。あるときまでは母がそこでふんばりますけど、今度は娘に渡し、今度は娘ががんばりますね。
　こうした行事などと関係している日常生活をどう回すのかということがらだけではなくて、性暴力のような問題においても、黙る母親と黙らされる娘みたいなものがあります。女性と女性の間で沈黙が手渡しされている、そういう濃縮した側面があるように思います。
　次です。「記憶がない方について、どうしたらいいですか？」

信田　記憶がないことがわかるのが第一歩ですからね。それにも気づかないで生きてるかもしれないし。ただ、人生を振り返ってみて、ある時間だけぽこっと記憶がないというのはよくありますよね。ものすごく苦しかったときとか。奇妙に、小学校の何年かだけ記憶がないというひとも多いです。
　無理に思い出す必要はないかもしれない。思い出してもいいとき（支えてくれるひとがいて、安心な場がある）に思い出す、と考えています。

上間　もうひとついきましょう。「同じことを繰り返さないために何ができるのか」

信田　よく言いますけど、自分が加害をしたという自覚を持っている時点で、ある種連鎖は防げるんじゃないかと思います。あとは、自分の行動の癖を知る。こういうふうになるとキレそうになるとか、加害的になる瞬間を自己観察することですね。メモしておいたり身近なひとに協力を頼んでおいたりします。

上間　お時間になりました。最後は、私が締めましょうか。

信田さんと、実は今日初めてお会いしてるんですが、そういう感じがしなかったです。ちょっと前に「信田さよ子責任編集」の『こころの科学』のお仕事の依頼を受けたんですが、依頼の文章が素晴らしかったんです。「私はこの問題については、この方しかいないという方に依頼しております」、と。それぞれの方の持っている力を、何倍にも引き出そうとする依頼のお手紙の言葉にじーんとしました。

研究領域にいたりすると、そこにある関係が暴力的になったりとか、徒弟みたいなもののなかで暴力性が隠蔽されることがあるように思います。信田さんの依頼の言葉は、普段のカウンセリングの話とか、お書きになっている理論と居ずまいが一貫していると思いました。

今日のお話も、このように働かなくてはと思う時間でした。今日は、本当にありがとうございました。

信田　『こころの科学』で依頼をしましたが、応じていただき感謝しています。もちろん『裸足で逃げる』からずっと愛読していますので、私も初めてという気がしませんでした。

今日はすごくアットホームな感じで、ちょっといろんなこと話しすぎちゃったかなと思っています。今後ともよろしくお願いいたします。

読書案内①

『海をあげる』上間陽子（信田）

青い海と白いサンゴ礁に囲まれた沖縄で起きていることが、若い女性との社会調査の経験にもとづいて描かれる。もうひとつ、著者自身の日常生活の経験も率直に描かれているため、沖縄で今起きていることがよりいっそう痛切に迫ってくる。この上なく静かで美しい文体ゆえに、著者の静かな怒りがいっそう全編をとおして浮かび上がる。多くの賞に輝いたのもうなずける一冊である。

（筑摩書房、2020 年）

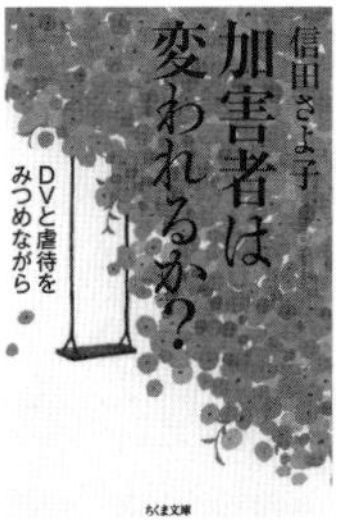

『加害者は変われるか？』信田さよ子（上間）

暴力を本当になくそうとするならば、私たちは加害者を知り、加害者を変えていかなくてはなりません。とはいえ、加害者と対話し、暴力の再発を防ぐことはなんとむつかしいことか。それでもこの本は、加害者との対話の磁場をつくりだし、かれらをそこに留めていく戦術の数々を描きます。暴力をなくす地平を拓いてきた著者の思いとともに読まれるべき本だと思います。　　　（ちくま文庫、2015 年）

『裸足で逃げる』上間陽子（信田）

性暴力については多くの類書があるが、本書の画期的なところはその描かれ方である。著者は社会調査としてかかわるのだが、どのような聞き方によって少女たちが語り始めるのかがよくわかる。内容の残酷さだけを強調するショッキングなルポでもなく、無味乾燥な学術書でもない。既成のジャンルを超えた少女（女性）たちと著者とのつながりをぜひ読んでもらいたい。　　　（太田出版、2017 年）

『プリズン・サークル［映画］』坂上香（上間）

日本で唯一更生を促す「TC」というプログラムを導入している島根あさひ社会復帰促進センターで、受刑者たちは、なぜここにくることになったのか語りだします。犯罪を犯すはるか手前にいたのは、貧困、差別、虐待、友人からの暴行の痛みを抱えた彼ら自身の姿でした。痛みについて語り合うことができたとき、彼らは自分が誰かに与えた痛みと暴力について本当に知ることになります。

（製作＝ out of frame、配給＝東風、2019 年）

第2章

カウンセリングという仕事、社会調査という仕事

二〇二一年二月六日

精神科医にできないこと

上間　今日は、信田さんの仕事と、その始まり方について話を聞きたいと思っています。信田さんはご自分の仕事をどのように感じていますか？ 聞くことのプロフェッショナル＝カウンセラーという了解が社会にはあります。

信田　カウンセリングが聞く仕事だって、あまり思ったことないんですよね。医学書院「ケアをひらく」シリーズの『カウンセラーは何を見ているか』（二〇一四）でも、意図的に聞くという言葉を外していて。同業者は聞く（傾聴する）ことを全面的に掲げてるんですけど、それに対する反発もあるのかもしれません。

私は大学院では松村康平先生のもとで児童臨床学を学びました。上間さんもおわかりだと思いますが、どういう教授のもとで研究するのかが、私たちを左右します。一九七〇年代という時代もありましたね。その後考えてわかったのは、松村先生は「フロイトのあとを歩くのでもなく、マルクスのあとを歩くのでもない。フロイトとマルクスの間を歩こうとしたんだな」っていうことでした。

当時、二〇世紀の最大の思想家はフロイトとマルクスと言われてたんですよ。一九七〇年に大学院に入った研究室の先生がマルクスとフロイトの間を歩こうとしていた、おまけに心理という言葉を使わない児童臨床学ですからね。ある種のレアさがあったわけです。

学部では哲学科で四年間学んだんですが、当時は就職口なんてほとんどなくて、まして哲学科でしたからね。お茶大は教員になるひとが多かったんですが、私、都の教員採用試験にも落ちちゃったんです。

しかたなく岐阜に戻りました。四年間東京の大学に行かせてくれた親への感謝もあり、一年間実家に戻り、方向転換のために名古屋大学で一年間臨床心理学の研究生として勉強して、大学院で入ったのがレアな研究室だったんです。

松村先生はいくつかの名言を残しています。「人間の心なんてわかりません」「わかったというのは錯覚です」とか。「まず最初に関係ありき」とか。当然フロイトの無意識など対象外みたいな扱いでした。児童臨床学でそれを言われるわけですよ。すごくないですか？

研究室の友人たちは学部から児童学を勉強してましたので、子どもがいかにのびのびと育つかということを第一に、という雰囲気で、それとの違和感もあったりして。でも松村先生はちゃんと夏季集中講義に、フロイトの第一人者の小此木啓吾さんとユング心理学の新進気鋭の河合隼雄さんの二人を呼んで勉強させてくださったんです。

ある日知人から電話があり、勤務先の精神病院を辞めることになったので、代わりに勤めないかと誘われて、二つ返事で「行きます！」って返事しちゃったんですね。あとでわかったんですが、研究室では松村先生に打診して、もしくは紹介されて仕事をするのが常識だったんです。

私の場合、事後報告でしたね。いちおうかしこまって「先生、精神病院に勤めることにしました」と伝えたら、先生は少し悲しそうな顔で、「精神科医にできないことをやりなさいよ」っておっしゃったんです。当時は何もわかってなかったので、「はあ？　そんなの当たり前じゃん」って思ったんです。でもそれがどんなに大きいことだったのか、今になってわかりますね。精神科医にできないことを私がやるっていうのは、終生の課題ですから。

こんな背景を持ってますから、聞き方に関していえば、独特なものを背負っていたのかなと思うんです。つまり、相手をわかろうとするとか、聞いてればこれがわかるとか、そういうものは、私のなかにはない。共感することも不可能なんだと。そういう意味では、マルクスとフロイトの間を行くという恩師がとらえていたひとの言葉の聞き方というのが、私のなかにも生きているように思います。

上間　信田さんの仕事の積み上げ方に、つくづく、優秀な方なんだなあって圧倒されています。信田さんは、松村先生にすごい大事にされてますよね。

信田　へえ、そういうふうに思ったことないけど。最初の著作『「アダルト・チルドレン」完全理解』（一九九六）を贈呈したらすごい喜んでくれたことはありますね。あっちこっちに赤線を引いて読んでくださった……そっか、大事にされてたのか。

上間　松村先生が、マルクスとフロイトの間を行くっていうのは？

信田　フロイトはわかりますよね。精神分析的な素養のあるひとって、必ず、言った言葉を解釈するでしょう。そのひとの無意識が、たとえば言葉でなくても、今日の服装とか、どんな部屋を選んでるかとか、そういうところにも表れると。自分の無意識に気づくのが心理療法であるみたいな。

松村先生は、同じ東大の心理学科にいた外林大作先生と二人で、サイコドラマ（心理劇）を日本に紹介したんです。外林先生は精神分析の立場のひとだったんですよ。たぶん彼との対比で、精神分析ではないことを標榜せざるを得なかったのではないか、と思います。

もうひとつは、心理劇の創始者であるヤコブ・レヴィ・モレノが、ウィーン大学でフロイトに啖呵を切ってんですよ。「あなたは暗い狭い部屋で一対一で治療をしますが、私は広場で、太陽のもとで、公衆の面前で治療します」と。これは有名な逸話で、フロイトとモレノを分かつものだとして伝わってます。それを松村先生も受け継いでいるんです。

一九七〇年代初頭は、今からは想像できないほどマルクス主義全盛でしたし、左翼的学生運動は当たり前の時代でした。古い木造の研究室の前に子どもが遊ぶための砂場があって、実習で子どもと砂のトンネルをつくってると、塀を隔てたすぐ横の道を都知事選の宣伝カーが「美濃部亮吉をよろしく！」って走ってたんですよ。

松村先生は、左翼的なひとだったんです。「君が代」を廃して「我が代」を国歌にしろとかね。「障害児」って言葉を廃して「要助児」を使えとかね。これなんか今で言う障害の社会モデルですよね。でもマルキシズムの実現である社会主義国のソ連（現在のロシア）を批判し、ソ連に対する新しい社会主義を謳った東ヨーロッパの動きに希望を見出していましたね。特に「プラハの春」（一九六八）などのチェコスロヴァキア（現在のチェコ）の動きについては、よくゼミでも話題に出たほどです。

松村先生は、マルクスの言う上部構造・下部構造ではなく、関係に焦点をあてた理論を構築しようと思っていたんです。つまり、マルクスでもフロイトでもなく、関係に焦点を当てて、機能主義とシステム論をもとにし、二者間の対立を三者関係へとシフトすることを試みたんでしょう。その思想がどれだけ先進的かわかりますが、やはり学会の中では孤立されていましたね。
欠点と言えば、言葉にこだわりすぎるあまり、誤解をおそれて本が書けなかったことです。書くそばからエクスキューズが入っちゃって、わけがわかんないんですよ。うねうねしてて。立岩真也さんみたいな文章なんです。私は早々に精神病院に勤務して研究室を出てしまったので、松村門下であることを標榜しませんが、でも隠れキリシタンみたいに彼の考えは脈々と生きています。

上間　「隠れキリシタン」というメタファーも、「精神科医にできないこと」がテーマになったということも、本当に面白いです。

教室の実践記録のおもしろさ

上間　私は指導教官とはもう決別しています。自分の業績リストからも、そちらの仕事は外すくらいの反発があって（笑）。
それでもまあ、共同調査研究というものの面白さと、その暴力性というものについてはよくわかったように思います。社会調査をいくつかしていますが、出身ゼミでは二〇〇〇年代から八年間前後継続して、東京の高校生のデータをとることをやってました。パネル調査っていう、一定の方々に何年にもわたりデータをとるという、日本ではまだあまりない時代にそういう調査をしていました。

自分自身は高校生の調査をしており、またゼミとしては高校を出て大人になっていくまでの移行過程で起きている話を聞き続けるかたちで調査をしてきたのですが、正直なところ、私はそれしかできなかったんです。

抽象度をあげた理論化の研究というのも難しい。統計調査も教えてもらいましたけれど、たまたまできて、ラポール（信頼関係）の形成の仕方についてのコツのようなものもわかるという意味では、私ができるのは、こうした調査しかなかったのだと思います。私はただ、自分が唯一なんとかできたことを仕事にしたんですね。

連絡をとったらみんな会ってくれるので、お会いして話を聞いて、トランスクリプト（文字起こし）つくって、こういう若者から大人への渡り方、移行過程になっていますという整理をする。そういう調査をしてきて、いまは食べることができているっていう（笑）。よかったです、これだけはできて。

九〇年代当時、教育学やるなら東京大学か都立大学だって言われていて、都立大がおもしろかったのは、「実践記録」っていう、とっても特殊なデータの蓄積を研究対象としていたからです。

実践記録というのは、現場の先生方が自分の教室の様子というのを一年間などのまとまった期間書いて、それを発表するという記録なんですね。その実践記録の分析というのは、もともとは生活綴方《つづりかた》の分析から始まったと思うのですが、その分析は、都立大は伝統的に強かったんですよね。
　それはおもしろいなあと思っていて。教室のなかでいろいろ起きていて、子どもの思いというものを教師はそれを書くことによって自覚するみたいな。そういう記録の取り方だと思います。その分析をやってるのが都立大で、それが魅力だったんですね。

信田　当時、綴方っていうのは教育のなかで大きな意味を持っていたんですか？

上間　生活綴方が大きな意味を持っていたのは、戦後すぐからせいぜい六〇年代くらいですね。敗戦後、戦争に協力し教え子を戦場におくり教壇に戻ってきた教師たちが、なにを軸に教育をしていったらいいのかわからないなかで、子どもたちの生活を書き綴るという方法に飛びつきました。
　生活綴方じたいは、戦前からあったのですが、子どもたちが自分の生活を綴ると、「なぜこのような抑圧のなかで生きているのか？　もっとよい政治はないのか？」という社会変革につながるということで弾圧されたんです。はからずも戦争協力者となってしまった教師たちは、もう一度子どもの生活をみることに戻るわけです。

ただ子どもの生活を書き、みんなで読みあうという方法は、個人化が主題となり、プライバシーの秘匿が大事にされるなかで、教育学の主流の舞台からは滑り落ちていきます。生活綴方が教育学の主流から離れていったあとでも、都立大学にはずっとやり続けている先生がいましたし、あと、岐阜県の恵那《えな》に非常に優れた教師がいてその方の実践もきちんと分析されています。

ただ、そういった質的データを扱うときには、科学性が本当にあるのかみたいなことが言われて、教育学のなかではデータの明瞭さが問題にされたのです。でも、教師の目線・記憶からまとめられる、関係性に焦点をあてたデータですよね、そういった意味で、私は明瞭そのものだと思っていました。

あと、グループでの研究がさかんというのも、都立大のおもしろさだったかもしれないですね。ひとりではできない性質の研究が可能にはなりますから。とはいえ、いまとなっては、暴力的な問題というか、いろんな問題を孕んでいるとは思いますけど。

信田　それは集団重視の影響ですか？　当時はソ連崩壊してましたが。

上間　集団を重複する生活綴方のなかには、個人の生活の秘匿性をどれだけ大事にできたのかという問題はあったと思いますね。教室のなかでそれぞれの個人の問題をシェアするみたいなことを、五〇年代六〇年代は、それぞれの生活が一定程度わかっていることもあって普通にやっていたんですね。

個人化が強くなっていくにつれて、そういうのは出してほしくないとか、個々の家庭の問題は隠すべきであるという意見が出てきますよね。生活綴方を主軸に教育実践を行うと、その問題をクリアできないというのがあったと思うんです。ただ、恵那の生活綴方がおもしろかったのは、個人や個々人の生活の秘匿性を大事にできたことだと思います。子どもたちが自分の生活のなかで困っていることや悲しみを書き綴ったときも、発表の決定権は子どもたちがもっている。

教育学という研究領域じたいがいまある社会ではなくて、ちがう社会をつくるということがベースになっている学問だと思うので、いまそれぞれが抱えている問題、困っていることをみえるようにする、そしてそれをみんなの問題だとして、政治的問題として取り組むという意味では、集団重視という考え方が入りこみやすいと思っています。

もちろんゼミ運営や共同研究のときに、個人と集団の両方が必要だなと思います。プロジェクトを進めるのがうまい先生というのは、全体的な構図をもちろん描きますけど、個々のがんばりについての評価としかるべき業績配分ができる。そういう方のもとでは、全体も進むし、個々の知見や特性も大事にされるのだと思います。

原点は児童臨床のグループ

信田　いま集団っておっしゃいましたが、さっきのマルクスとフロイトの隙間を行くというときに「関係」という言葉を使いました。松村先生は児童臨床学と呼び、「心理」という言葉を使っていません。私は公認心理師で臨床心理士ですが、「心理」と言うたびに背骨の一部がズキッとするのは、基本「心理」という言葉を使わないでやってきたからです。

たぶん、心理を使ったとたんに、松村先生に言わせれば個人の内面を焦点化し、フロイトに回収されてしまうと思われたのでしょう。で、集団と言ったとたんに、マルクスに回収されてしまう。

一九六〇年代はマルクス主義的な集団主義が学問を席巻していましたので、新しい集団のあり方を、ゼミの運営や三歳児のグループをとおして考え続けられたと思います。その独特さはいまでも骨身に染みています。

集団を運営するリーダーの機能を方向性・内容性・関係性の三つに分けます。方向性は新しい方向性を出し、内容性は集団で遊ぶ子どもの活動内容を充実させる、関係性はそこからはずれそうになったり、うまく関係をつくれない子を全体に位置づける、ですね。その三つの機能をゼミの大学院生が分担する、それを参加観察するひとが記録するという活動でした。私はどちらかというと、方向性が大好きで（笑）。おわかりだと思いますけど。

たとえば一〇人で話をしていたら、リーダーはその中から外れそうになっているひとを、真っ先に気づかないといけないということも叩き込まれたんですね。いわゆる少数者（マイノリティ）に気づかなければ臨床ではないと言われました。

三歳児の集団活動でしたが、私の原点はグループなんです。八〇年代に就職したカウンセリング機関で、一対一の個人カウンセリングをしなければならなくなったときに、ああどうしようかと思った記憶があります。どうしてグループじゃないのって。今でも臨床心理士のメインな臨床活動は一対一ですから、私は異色だと思います。

三歳児の活動は「集団研」と呼ばれてました。その子のもてる特徴、たとえばお友だちとうまくいく子がいたらそれを伸ばし、ある子がグループが嫌で虫とか花が好きだったら、そういう子でもいられるように集団を変えていくとか。適応しなければ、この世は振り落とされる。だけど、きれいに言ってしまえば、適応ではなくそれを変えていける子どもたちを育てることを目指していたのかと。

そして集団を運営するひと、リーダーの責任や倫理みたいなものを研究しながら、集団を私たちがどうやってつくっていくか。そういう臨床家としてのあり方みたいなものを勉強したのかなって思います。

上間　徹底的な現場主義だったというわけですね。

沖縄から離れて

信田　上間さんが言っていた個人と集団の問題は松村先生にも共通するところはあったかと思います。私は松村先生に、それほど違和感なかったんですけど。上間さんはどうだったんでしょう。

上間　どうでしょうね。研究において初めの頃は、集団で何かをすることは大事だと思っていましたが、いまはむしろ個人であるべきだと思っていますね。それは研究の対象が沖縄になったことも関係しているかもしれません。

もともとは沖縄から東京に行ったときに、沖縄の研究をしろってすごく言われたんですね。沖縄という場所で子どもたちがどう育っていくか、そこにある支配の問題だったり言葉の問題だったり、それこそがあなたのテーマじゃないかと言われていたんです。これ、大学院の初日に大喧嘩してるんですね、それをおっしゃった先生と。

信田　ふふふ（笑）。

上間　私が沖縄出身であるということで、私が沖縄をやれば研究領域に何か豊かなものを持ってこれるはずだということじたいが、すごいロマン主義だと言い返して、「やりたければ、あなたが自分でやればいい」と言いました。そうしたら、その先生は謝罪してくれたんです。「本当に申し訳なかった」と。それは素晴らしい対応だったと思います。ただ、そういうやりとりのなかで、私は沖縄のことだけは研究しない、沖縄は絶対売らないみたいなことを頑《かたく》なに思っていました。
　九〇年代の中頃って、宮台真司さんが女子高校生のことをとりあげて、論壇でもさかんに援助交際をする高校生が話題になっていたんです。高校生は性的自己決定のアイコンでした。だから、研究対象とするのはここだなと思いました。
　沖縄出身の私が何かを研究するならば、東京の女子高校生だろうと、研究の対象にしたんですね。もともと私が東京の女子高校生にシンパシーを感じていたとかではなく、私から離れているものというか、沖縄の女性から離れている。沖縄の女性が置かれているしんどさからすごく自由にいる、対極にいる東京の女子高校生たちを研究の対象にしたんです。

信田　すごいですね、沖縄から来たから沖縄のことを研究しろって。じゃああなた、男として生まれたんだから男の研究しなさいよって。ねえ。

上間　はい。そういうやり方は、私や沖縄を、エンパワメントしてるように見せてぜんぜんそうじゃないっていう反発があったんですよね。だから、ここがそういう磁場ならば、沖縄のことは絶対にやらないと固く決めるというのが、私のスタートですね。

「性の自己決定」の実際

信田　すごくいいですね（笑）。私でも絶対嫌だって思う。そのときの宮台さんというのは、偶然なんですね？

上間　はい、偶然です。宮台さんが援助交際のことを話しはじめていて、「性の自己決定論」というのが出てきて、今のＳＷＡＳＨ（セックスワーカーとして働くひとたちが安全、健康に働けることを目指して活動するグループ）とかに連なるような方々が性的なことがらの売買は個人の自由であり、そうしたことがらの決定は個人差が大きいという話をしていました。宮台さんもそういう話を出してきましたよね。

本当のところ、どうなってるのかなというのがあり、高校生たちに直接聞いてみたいなというのがありました。三年間ですかね、二三区内の女子高校、『東スポ』などで「ナンパ率が高い学校」にランキングされる高校で調査したんです。すごかったですよ、その、差別的な視点というのは。援助交際はあったんです。でも、性規範から自由とかそういうのはなく、性の自己決定論の論者たちが言っていることとは違っていた。

印象的で象徴的なことですが、「その体験は、レイプだなあ」って思っている子から、「でも、そのあと付き合ったからレイプじゃない」「私は好きって決めたら、それが好きなんだよ」っていう説明をされたんですよね。先生が、それは性暴力だっていう話をしたら、いやそうじゃないって。私は、好きって決めたら、それが好き。関係を持ったこの男のひとを自分は好きって決めた。だから、これは好きなひととの関係なので性暴力じゃないって。

なんて言ったらいいかな、「ああ、こういう世界だったか」って思いました。本心から大好きだと思っているふたりがいる、そのふたりが決定してそのひとと性行為をするという順番立てがあるはずだと、そういうかたちでセクシャリティは構成されていると私たちは教わりますよね。そういうんじゃないんだなあ、そういう性規範というものが無効化されている女性高校生たちがいる磁場というのが、染みるようにわかっていくというか。

そういうところにいる高校生たちが、「あっけらかんとしている」「傷《いた》んでいない」「みんな自分で決めることができる」と、論壇ではそう話されていました。でもやっぱりそうじゃない。援助交際してもまったく平気という話ではない。

そもそも自分の性的価値というものをめぐって、教室のなかではすごいパフォーマンス競争があったんです。ナンパされている経験、自分にはこういう体験があるとか、それこそ声をかけてきたおっさんがこんなふうに自分に連絡くれたんだけど、そのひとのことを「すごい馬鹿な親父」だと思っているんだ、自分は邪険にしているということを、パフォーマンスとしてする。そうやって教室のなかでグループの居場所を確保したり、自分の承認欲求みたいなものを満たしていく。「性的な自己決定権」の中身は、こうした闘争とセットでみられるべきだと思いながら教室に通っていました。

社会調査が示すこと

上間　一年目は教室のうしろに固定の座席がありました。朝行って帰りは放課後までいて、おしゃべりをして帰る。駅から離れている学校だったので、帰り道一緒だったりとか、近くのファミレスでお話ししたりしています。

信田　それは、どういう立場で入っていたんですか？

上間　女子高校生のことを調べたいひと（笑）。「おんな版女子高校生おたく」って私をからかった子もいました。沖縄出身ということで、沖縄からわざわざ東京の女子高校生を調べに来たひとだと扱われていました。

あのときは私もギャルギャルしてたので、縦ロール巻いて、ミニスカートにロングブーツで。初日にはやんちゃな子にからまれて（笑）。転校生と思われたんですよ。

信田　ふふふ（笑）。

上間　「あんた、絶対しめられるよ、制服間に合わなかったの？」って、怖かったですね（笑）。そんなのもあったりしたんですけど、行き続けてたのは、たぶんおもしろかったからだと思うんですよ。初めて聞くことがいっぱいあって、わかることもいっぱいあって。

「決めたら好き」とか、私はそんなふうに考えたことはなかったよなって。たしかにそのほうが合理的ですよね。あらがえない流れのなかで、好きを決める。選択の範囲内だっていう解釈のほうが合理的ですもんね。そういうふうにとらえるのかという納得がありました

信田　いわゆる参与観察ですよね。

上間　そうです、そうです。フィールドノーツをザザザと記録していく。ちょうどそのころ、大阪大学の志水宏吉先生がスクール・エスノグラフィの手法を日本に持ってきたんです。志水先生がサバティカルかなにかでイギリスに行って戻ってきたあと、日本でもこの手法が流行しました。

　というのも、学校で逸脱してる子どもたちというのは、質問紙調査をぜんぜん書いてくれないんです。その層はデータから落ちるんですね。その子たちにアタックしていくときに、質問紙ではなくて関係をつくり、話を聞かせてもらうことは有効でした。教育学だけではなく社会学のなかでも宮台真司さんによってフィールドワークが流行る、ということもありましたね。

　とにかく高校生にお話を聞くときに、うざいのはだめなんだなあというのもわかり

ました。こっちは質問項目いっぱい持ってて、それをぜんぶ答えてもらいたいんだけども、こっちが聞きたいことをぜんぶ聞いて網羅的にするというやり方では、関係は続かないんですね。

　なんかこう、いい時間を一緒に過ごすっていうんですか。インタビューしているなかで、こちら側の質問項目がたとえ半分になったとしても、「今日は話していて、なんかちゃんと話せたし楽しかった、バイバーイ」みたいなことのほうが、大事なんだなあって。そういった意味では、フィールドワークとか聞き取り調査は、その場の空気を大事にしないといけないものだと思います。

信田　私が、性の自己決定論にいつも抱いている違和感があるんですけど、「好きって決めたら好き」っていう言葉にすごく表れていますよね。なるほど、限られたあらがえない範囲でしか生きられないけど、好きって決めたことで選択の範囲になる。それはとても納得がいきました。

上間　その言葉を発しているときに、どのような場所から何を語っているのかという分析は必要だと思います。そこで話されていたのは、その認識の枠組みのほうがまだいい、だから採用するということです。

もちろんそこに、当事者の強さはみることができます。要するに、ある認識を採用するという強さです。ただそのときに、社会調査はなぜそれが選び取られているのかという、そのひとの背景を示せないといけないのだと思います。

関連して話をすると、私が調査をしながら思っていたのは、性の自己決定権を私はあらかじめ「勉強」という形でしていったけれど、それは頭でっかちで、「お勉強をした」ということにすぎなかったということです。

「性の自己決定、性的サービスの何を売買するかっていう決定権は、非常に個人差のある領域で、それに対する規範性のようなものはない」当時、たとえば、そういう議論があったんですけど、いや、そうでもないんだなというか。

いったんフィールドに入り、高校生たちに話を聞いたら、その自己決定はそんなに軽やかじゃない。そんなに性規範から自由に解き放たれているわけではない。「ざらっとした感じ」ってやっぱり残ってる。このざらっとした感じは、なかったことにしちゃいけないなって。

もうすこし言うと、沖縄に帰ってきてからは、専門委員として学校で起きる様々な問題に対応しているなかで、未成年の風俗業界参入をどうするか、という問題があります。これと地続きですが、いまは大人として働いているけれど、未成年のときから働いていたという子たちの選択肢がないという話はやっぱり整理されないといけないと思います。その子たちが業界で働いているときのざらっとした感じは、無視できない。

二〇一一年に風俗店オーナーたちに打越さんと一緒に会って調査させてほしいというお願いをして、一二年から業界で働いてるひとに話を聞いてきました。沖縄において業界で働いている方からお話を聞いていて感じるのは、本人たちが性規範から自由になっているというよりも、「こう割り切ったほうがいい、そのほうがずいぶん楽になれる」といった話なんです。

沖縄だけはやらないと決めていたんですが、いまのところ、私にしかできないのではないかという思いもあります。沖縄の場所とか言葉とかを私はわかっている。そういうことをバックボーンにしながら、私は一〇代の女の子たちの話を聞いてきました。

調査をしてわかったことは多いです。たとえば、外からではわからないんですが、働いている女性たちをヤクザが「持ち帰り」しているお店とかがあるんです。そのお店で働いている未成年の子が話を聞いているときには、「自分は怖いひとが好き」って言っていたんですね。「だからヤクザなんて怖くない」「持ち帰りされてそのあとセックスしたけれど、なんとも思ってない」「帰りに五万円もらえてラッキーだった」。私はもちろん、「へえー」「へえー」「へえー」って話を聞いてるんですけど。

でも、そういう子が、次に安全なお店で働くようになって、ヤクザも来なくて、持ち帰りもないというお店に所属するようになったときに、「前のお店はひどかった」と言うんです。つまり、ひとは差異でもって、リスクとか不快の話をするんだということなども時間をかけるなかでわかりました。

医者になるか、女性のアルコールやるか

上間　ところで信田さんは、九〇年代の宮台さんの議論はどういうふうにご覧になってたんですか？

信田　『制服少女たちの選択』は九四年でしたね。ちゃんと読んでないんですが、たぶん読む気が起きなかったのかも。当時の私にとっては、女性の薬物・アルコール依存症のことがいちばん大きかったかな。七〇年代から抱いていたフェミニズムへの関心と、自分の臨床経験とが、女性のアルコール依存症を媒介として、ぽーんと重なったんですね。

じつは、八〇年代の初めにパリに二年間住んだことがあるんですね。当時の私は二歳と六歳の子どもがいて、非常勤の掛け持ちでしたので、夫のパリ勤務についていくことにしたんです。いわゆる「駐妻」ですね。いろんな経験をして、いま思えばおも

しろかったけど、帰国後の人間ドックで、胃潰瘍の跡がいくつもできていたことがわかりました。

上間　えー。

信田　パリでは、ほんとにストレスフルだったんですよ。一一月に着いたときには、太陽が出る時間も短いし、暗くて寒いパリで、子ども二人を抱えてどこにも行けない、言葉もできない、経済力もない。つくづく自由の都パリを満喫できるのは、自由が保障されている人間だけだ、と思いました。いつも財布に、シャルルドゴール空港から日本に帰れる片道航空券のお金を入れてたんです。いざとなったらパリを脱出しようと思って。

　息子が小学二年のときに交通事故に遭うんですよ。日本人学校の帰りに車に撥《は》ねられて、意識不明になって。渦中にいるとき、人間はどれだけ楽天的になるのか、この子は寝てるだけなんだと思ったんですよ。いつか目が覚めるって。この子の意識がない、死ぬかもなんて、全然思わなかったんです。

　救急車でパリ郊外の病院に入院して、意識が戻るまで三、四日かかりました。毎日メトロで病院に面会に行ったんですが、当時どうやって日常生活を送っていたんだろうと思います。ある朝、病院に行ったら黒人の清掃員みたいな女性が、あなたの息子と話したって言うんですよ、ボンジュールって。
で、嘘だろって思って、ほんとに言葉が理解できるかどうか試そうと思って、世界地図を見せて、「イギリスが戦争してるの、どこ？」って聞いたんですよ。一九八二年三月から三カ月にわたって、イギリスとアルゼンチンの間でフォークランド諸島の領有をめぐって紛争が起きていたんです。そしたら息子がフォークランド諸島を指差したんですね（笑）。アルゼンチンの小さな島をね。地図オタクだったから、とっさにそうしたんですよ。言葉はまだ喋れなかったけど、あ、息子の頭は大丈夫だなと思って。

この経験をとおして、心底、私は何にもできないなと思ったんですよ。パリで女性のアルコール依存症の病院に見学に行ったりしたんですけど、交通事故で意識が戻るかわからない子どもに対して無力を突き付けられたとき、私、医者になってやろうと思ったんですよ。

一九八二年秋に帰国して、医学部に入るために情報誌で家庭教師を募集しました。応募してきたのが医科歯科大のすごいイケメン学生だったので（笑）、一年間理系の数学の勉強に励みました。翌年、駿台予備校の医学部コースにも合格し、四〇過ぎには国家試験に受かるだろうとスケジューリングしていたんです。

当時のお金で八五万円払い込み、市ヶ谷教室に通いはじめたころに、精神科医の斎藤学さんから原宿相談室というカウンセリング機関に来ないかと誘われたんです。このまま予備校を続ければたぶんどこか医学部は受かるだろうし、どうしようかと。けっこう大きな選択を迫られてると思ったんですが、結局医学部を捨てました。三〇分くらい迷ったでしょうかね。

上間　三〇分（笑）！

信田　私、迷わないんですよ。丸一日悩んだこと、人生でないですね。だいたい三〇分くらい考えて、「よし！」と思って。それで今の私があるんですけど。結局八五万捨てて、微分積分などの教科書も生物の参考書も、全部捨てました！

女性の依存症の特異さ

信田　同じ依存症と言っても、女性の依存症はちがうんです。

一九九〇年ごろでした。当時担当していた女性のアルコール依存症者のグループカウンセリングに、一九歳の女性が参加してました。ウイスキーのポケット瓶を、いつもバッグに入れてるんです。グループの途中でしょっちゅういなくなるんですよ。トイレでちょっと飲んでくる。

酒臭いからわかるんだけど、飲んでるときって万能感があるから絶対バレないと思ってるんですね。彼女にどうして飲むんですかって聞いたら、「飲まないと私、暗い人間なんです。ネアカじゃないと生きていけないし」って言ったんですよ。

ネアカ、ネクラって言葉が流行り始めたころでした。バブル全盛期ですね。お酒を飲むと私は明るくなれるんだと言われたときに、私の中で革命が起きたんです。そうなんだって。

二一世紀のいま、女性の依存症は被害からのサバイバルだって言われてますけど、今から三〇年以上前、原宿の小さなミーティングルームで、ものすごくかわいい女の子が、ひどい離脱症状まで出たにもかかわらず、アルコールがないと生きていけないんだと。私は、明るい人間だというのを維持するために飲んでると。

それを知ったときに、なんて言ったらいいんだろう、上間さんの「ざらっ」というのとはちがうんですけど、ガラガラっていう感じがしましたね。それから女性の依存症の見方がかなり定まった。飲まないと生きてこれなかったんだと。

もうひとりの五〇代の女性は、夫からの性的要求を拒むためにも飲んだと言ってました。四人子どもがいるんですが、夫からも殴られて。彼女は、ぽろっと「私ね、子どもをどうやって産んだか忘れちゃったんです」と言ったんです。女性は産んだ痛みは忘れないとか言うけど、「私、ほんとに子ども産んだのかな」って。
女性に埋め込まれた産む性であるという刻印に対して、物憂い感じでそういわれたときのことは忘れられません。そういう経験がいまの自分につながってると思います。

上間　宮台さんのような女子高校生の描き方では、まったくだめだったということですね。

信田　知に走る男性が、自分が最先端って言いながら、単に若い子を好きなだけの男が自分の行為を正当化して、ふーんみたいな感じですかね。一所懸命、身体を売ってるひともいるわけだし、いまから思えばあの本にはそういう背景がぜんぜんなかったと思うし。嫌でしたね。

上間　私が地方から出てきてるというのもあるんでしょうね、常にあるんです、場違い感が。東京で主流みたいな感じで語られているときに、そこにある議論を転覆させようという気持ちで捉えられないというか。おずおずと、なんだか違和感あるんだけどなあっていうかたちでしか関わらなかったんです。正面切って、そういう議論はでなかったですよね。当時は「宮台真司、負けなし！」みたいな。

信田　岩波の『世界』という雑誌で特集があったんですよ（「特集〈生きにくさ〉という問題」一九九七年三月号第六三二号）。そこで河合隼雄さんが、「援助交際は魂に悪い」と言っていた。

いまだによくわからないんですよ。何、魂に悪いって？　じゃあ、男たちが女子高生を買うのは魂に悪くないのかな、とか。あれって、すごい限局的な、女子高生にだけ矢つぶてをあてるようなすごい言葉ですよね。

上間　上野千鶴子さんも、なぜ女子高生の身体が賭け金になっているのかとおっしゃっていましたね。そうだなと思いながら調査してたんですけど。やっている側の認識のほうに、逆転させるべきじゃないかと言われてもいました。ただ、男たちに逆転したところでたいしたものは見えないように感じます。

二〇一一年に風俗業界のオーナーたちの話をまず聞いたんですよね。どうして調査したいのかのお願いもそのときにしたのですが、彼らは「買う」んです。それで「買う」話を聞いてわかったのは、実は何も考えてないんだなっていう。

彼らは、ざらりともしない。風俗店のオーナーは、外では言わないですけど、お店の子と性行為をしてる方も多かった。客がこなくて、時間が空いたからしちゃうみたいなひともいるんですよね。恋人が複数いる方もいました。その話を聞いていて、立場を逆転させても何も出てこないんだなあと思いました。男性の側にある、そこにあるから、するっていう話。

信田　何も出てこないことに対して、上間さんはどう思ったんですか？

上間　やっぱり、特権的な場所にいる、男の性というのはこういうふうにしか処理されないんだなって。なんでしょうね、そこにあんまり意味がないんだなということはわかりました。

そういうところに男のひとが大量にいるってこと自体は、社会のシステムがこうなっているという証拠ではあるんですけど、先行して出てきてるものを超えるような認識は、ここからは出てこないなあと思っていましたね。

ただ、被害加害の問題は、裏表だとあらためて思いました。暴力受けた方が非常に多いんです。成育歴を聞いていくなかでも、暴力をふるう父親がいて、自分がひとりで身を立てるというときに、女を使って生きると決めたっていう。そういう決意の仕方っていうんですかね。

それで、自分自身は父親よりは暴力的でないというところが、自分を正当化する拠り所になっていたりして、そういうふうに正当化するんだなあと思いました。

精神科病院の経験が一生を決めた

信田　すでに話したように、七〇年代に精神科病院に勤めることになったんですが、それまでは人間の真実は統合失調症の病者にあるとか、ジャン・ジュネとか、イマジネーションの宝庫だみたいな超甘い思い込みばかりでした。

実際に行ってみたら、病棟に独特なにおいがするんですよ。それに鍵を持たないといけないじゃないですか？　それがものすごいショックだったんですよ。二〇代の私が、四〇人の男性を閉じ込める病棟の鍵を持つ、そんな権限を与えられてしまうことに慄《おのの》いたんですね。でも白衣を着て医者のうしろにくっついて、患者さんたちに「よろしくお願いします」ってすぐ適応しましたが。

たぶんいやじゃなかったんですよ。これまで一切知らなかった世界に足を踏み入れたことの興奮で、変な言い方ですが、楽しかったんですよね。

中村江里さんの『戦争とトラウマ』を最近読んでから、あそこで出会ったアルコール依存症の男性たちと、第二次世界大戦のトラウマは深い関係があったんだと気付かされました。二〇代で徴兵されて満洲に行って、軍隊の上官から飲めもしない酒を飲まされた。生きて戻ったが家族もなく、東京に出稼ぎに来て、日雇いの仕事で十分暮らせた。

　時は高度経済成長期でした。浴びるくらい酒を飲み、最後は山谷にたどりつき、転落したひとが八割がたでしたからね。入院回数が三〇回以上のひとも珍しくなかったです。そういう男性たちに接したのは大きかったですよね。落ちるところまで落ちてしまった男性の持つ優しさみたいなものを、けっこう感じたりしたんです。

上間　なるほど。

信田　精神科病院のなかで心理職って何をするのかが見えないということは、おそらく今でも同業者共通の不安だと思います。でも、二〇代の私にも、医者は依存症が治せないんだなっていうことはわかりました。

　アルコール依存症は、飲まないでいればよくなるんです、それだけで。精神科医の役割って、ほんとうに少ないんだということがわかって。薬が効かないでしょう？お酒が飲めなくなる薬はいまだにないわけです。それだったら、心理職の私にもできることがあるかなと。

　つまり、依存症というのは、身体の病でもなく、精神の病でもなく、関係の病であって。そういうことを短い論文にしたら、松村先生がほんとに喜んでくれたんですよ。あなたはなだいなだを超えたとか言われて。当時、アルコール依存症について書いているひとってなだいなだ先生しかいなかったんで。

　それから二〇年ほど経って、社会学者の野口裕二さんの本『アルコホリズムの社会学』（一九九六）を読んだときに、「あ、私が感じたのはこういうことだったんだ」と。彼が書いているのは、アルコール依存症者というのは、近代的自己の限界をいちはやく露呈したひとたちなんだと。國分功一郎さんが『中動態の世界』（二〇一七）を書くはるか前ですけど。私が彼らに感じたなんとも言えない優しさというのは、近代的な、がんばれば先があるとか、自分で自分の意志をコントロールすれば成長できるとか、そういう神話が崩れ去ったひとたちだったからです。

　ＡＡ（アルコホーリクス・アノニマス）の12ステップというものがあって、ステップ1には「私たちはアルコールに対し無力であり、思い通りに生きていけなくなっていたことを認めた」と書いてあります。

　ここで女性の依存症にもどりますが、無力って、もともと女性が、生まれてからずっと突きつけられることじゃないですか。

上間　うん、うん。

信田　さっきの「好きって決めたら好き」っていうのも、無力の裏返しでしょう。依存症の近代的自己の限界と、若い女の子たちがセックスに対してこういうふうに言うというのは、いまはうまく言えませんけど通じてるような気がしますね。

精神科病院のアルコール依存症との出会いが、私を決めたと思います。ここまでずっと依存症とつきあうと思わなかったけど、やめようとも思わなかったわけですから。

パリに行ってからも、ＡＡミーティングの会場を探したり、フランス語もできないのに、国立のアルコール研究所なんか行って、下手な英語で資料くださいってやったり。いま思うと、すごい度胸でした、たぶんそれは仕事もない、二人の子どもを抱えた駐在員の妻という状況が耐えがたかったからだと思いますけど。

でもね、こんなふうに依存症がおもしろいって思うひとは、心理職で少なかったんですよ。精神科医の世界でも傍流ですからね。私と同世代の依存症に取り組んだ精神科医たちは、六〇年代末の学生運動の闘士だったひとが多いんですよ。精神科医になること自体が、医学部では異端でしょうし、そのなかでアルコール依存症を選ぶというのは、もっと変わってますから。

想像ですが、アルコール依存症の患者さんに挫折した自分を見たのかもしれませんね。統合失調症の治療が今でも精神科医療の中心であることは変わりませんから、そんななかで酒をやめる、やめない、スリップした、みたいなアルコール依存症と四つに取り組むのは、ある種の生き方への共鳴みたいなものがないとできないでしょう。もうひとつ、アルコール依存症の特徴はあの圧倒的な語りですね。彼らの語ることをとにかく聞くしかなくて、私の能動性なんてないです。内容に圧倒されて。

生身の人間の話がおもしろい

上間　なぜ、みんなそんなに信田さんに語ろうとするんですかね？

信田　たぶん、聞いてもらったことがなかったんですよ。安心して語れる場というとかっこいいですが。

　当時の私は二〇代の若い女性じゃないですか。面接室で一対一で話を聞いてもらえるって、彼らにとっては晴れの舞台なんですよね。負けのこんだ、転落に次ぐ転落の話を聞いてくれる若い女性がいるって、ちょっとありえなかったんだと思います。

　病棟の看護師さんだって忙しいから、そんなことしてくれないし。精神科医はほぼ全員男性ですから。やっぱり、同じ男として権威ある医者には敵意があったのかもしれないし。私が女性だったことも大きいと思います。

上間　信田さん、患者さんから好きになられたりしなかったんですか？

信田　あ、患者さんから？　あったかもしれないですね。私ね、ほんとに、すごく鈍感なんです。わかんないの。あとから振り返ると、そうだったかな、とか。言われた当時は、「はい？」って。わかんないんですよ。

ほら、精神分析の理論を遠ざけていましたから、転移、逆転移なんてのはぜんぜん。だから、かわいがってもらったなとだけ思ってたけど、ひょっとしたらそうかもね。いま上間さんに言われて気がついた。

上間　いままでだれにも話してない自分のことを、しかもそれを女のひとがおもしろがって聞いてくれるというのは、社会における恋愛の関係に似てますよね。

信田　そっか……あと、バーのママとお客とかね。それはね、自分でも才能あるのかと思ったんですけど。大学四年のときに山手線乗ってたんですよ。六〇年代の当時、見ず知らずの乗客どうしでけっこう話をしたんですね。今日はどこ行ってたんですか、みたいな。

で、隣に座ってるおじさんが咳払いしてるから、今日は暑いですねとか言ったら、なんか話し出してね、山手線二周しちゃったの。向こうも降りないし、私も降りないし、悪いから。彼はずっと自分のこと話して、東北から出てきてからの苦労や、出身地の祭りとか、そして「これなんです」って手を出すと一本指がないの。「へえっ」て言ったら、そうだよ、あんただけに見せたんだって。

最後にそのひとが鶯谷で降りるときに、あんた心が広いねって言われたんですね。そのとき私、才能あるかもって思ったんですよ（笑）。哲学科から臨床心理に変わったのはそれもあるかなあ。だから、上間さんが言った個人的な感情というよりは、話しやすいのかなっていう気はする（笑）。わかんないけど。

上間　信田さんにお話ししたときに私がびっくりしたのは、すごく感心してくれるということなんですね。

なんていうのかな、アカデミック界というのは、マウントをとる戦いみたいなのは普通にあるところなんですね。私はなまけものでできるだけそういう方とは遠ざかって過ごしているのですが。でも、信田さんとお話しすると屈託なく私の話を肯定してくれるので、私はなんだかいい話をしたような気持ちになってしまうんです（笑）。

信田　いい話じゃないと、そういうふうには言わないですけどね。

上間　なんか、そのように、自分は今日、大事な話ができた気がするっていう思いが、たくさんのひとにもたらされたように思います。

信田　自惚《うぬぼ》れて言うんじゃないんですけど、小学校では嫉妬される対象だったんです。いろんな意味で、周囲から。いまで言えば、引きずりおろすためのいじめの一種だったかもしれないんですけど、当時、昭和二〇年代のいじめというのは、あったとしてもわかりやすいものだったんですよね。そのなかで私は絶対に嫉妬されたくなかったので、どうすればいいのか考えて。ひとの話を聞くのはとっても有効だと、小学校高学年くらいで思ったんです。聞いてあげるとね、みんな喜ぶんですよ。

　で、中学校に入るともっと洗練されて、学校の行き帰りはとにかくひとの話を聞く。聞いてると、話してくれるし、おもしろい。私は読書量においては人後に落ちないんですけど、そのころから読書の楽しみとひとの話の楽しみが拮抗するようになったんですね。生身の人間の話のほうがおもしろいと思いはじめたのかな。

　マウントとられてもいいから、嫉妬されるのが嫌だったんです。私のスキーマと言えばいいのかな、嫉妬されたらおしまいっていう感じがあって。だから、自分にマウントとるひとはよくわかるんです。
実は女性同士の対談って、聞くひとが聞けば、マウントの取り合いだったりしますね。このあいだもある対談で、聞いたひとからマウントすごかったですねって言われたんですが、ぜんぜんわからなくて。マウントとられるほうがいいって、どっかで思ってるのかもしれない。

ネクタイを褒める

信田　マウントとるのがわかっちゃったら、そのひとおしまいじゃん、って思って。みじめじゃないですか。男性がマウントとろうとするのは当たり前だから、私は内心で馬鹿にしてますよ。

上間　かっこいい！　そうですね、そう思っておけばいいですよね。

信田　仕事柄とくに精神科医の男性とお付き合いしないといけないことが多くて、スキルがあるんですよ。それはね、会った瞬間に、ネクタイを褒める。

上間　ほー！

信田　近眼みたいな感じで、スーッと近づいていって、「先生、こんにちは。あれ？　このネクタイ、エルメスじゃないですか？」って言うとね、一〇〇パーセント落ちるんです。信田さんよくわかったねって、うれしそうに。「素晴らしい、先生のセンス見習わなくちゃ」とか言うと、もう絶対大丈夫。

懐に入るというのは、ネクタイを褒めることです。すみません、くだらないと思うけど、意外と重要なんですよ。

上間　バーのママっておっしゃってましたけど、そんな感じですね（笑）。

信田　ある精神科医がインタビューのために私のオフィスに来たとき、ひとしきり話した後で、「信田さん、チーママみたいですね」って言われたんですよ。私は行ったことがないから、その先生が帰ってから「チーママってなあに？」ってスタッフに聞いたら、みんなが怒っちゃって。「怒らなきゃだめですよ」って。

「どうして？」って言ったら、大ママとチーママがあって、大ママはオーナーだからチーママがいろいろやるんですって。それは、意図的じゃないにしても馬鹿にされたんじゃないですかって。私はぜんぜんそうは思わないですけど。

それ以来、「カウンセラーは、新興宗教の教祖と、銀座のチーママと、占い師を足して3で割った職業です」って講演の最初に話すと、超ウケるんです。


上間　学会でも行政でも、マウントとりはじめたなあっていうやりとりはありますよね。高名な方どうしとか、所属のある方とか。

たとえば私は、沖縄で行政系のお仕事をしているんですが、私はアンチ行政っていうんですかね、県行政に対して批判的な立場だったりするんですね。なので、県の行政のお偉い方から、講演のチェックが入ってた時期があるんです。そういう方とお仕事するときに、「どっちがよく状況を知ってるのか」という背後に隠れた闘争があったりします。

私自身が貧困政策にわりと関わってくるような調査をしているので、ある行政トップの方に、「公開の場で議論しましょう」というかたちでいわれて、「上間陽子を引っ張り出す」などといわれたかで公開討論会に連れ出されたりとかもありました。そういうときには、政策によって困難層がいっそう厳しくなるということを言うために出ないといけないと思うから出るんですけど、かなりめんどくさいことをやっているように思っています。

社会調査をしてデータをとってきている人間として、データからはそういうふうに言えないという話をするのは、自分の仕事の範囲かなと思うのでやりますけどね。本当に男社会だと思います。

とはいっても大学はわりと恵まれていて。私は最初、芸術系の教員が非常に多い部署に配置されたんですね。首里城の大龍柱の龍の再現をやってた西村貞雄先生とか、数学者の小田切忠人先生とか、もう亡くなりましたが、作曲家の中村透先生とか。多種多様な先生方がいるところに配置されたので、ここは天国かって思うくらい楽しかったです。

もちろん学生たちのさまざまな問題はありましたけれど、学生たちに対しても、生きてるのを楽しもうみたいな指導でした。まず教授陣は、自分の研究を楽しむ。楽しんでいることをしっかり見せることが、大事だなと思いました。みなさんいろんなことやってるのでとても忙しい職場だったんですけど、とてもいいところでした。

調査ばっかりして、そのデータを持っていって喧嘩していた私が、いまシェルターをつくりたいということになって、企業の方にお会いして交渉をやってるんですよ。要するに、彼らは男社会の勝者たちですよね。私は、ネクタイとかぜんぜん見てないんです、顔すら見ていない。

私、このまえ五年ぶりくらいにお世辞言ったんですよ。

信田　（笑）

上間　沖縄のある企業の社長に、「すごいお若いですね！」って。そしたら、「いくつに見えますか？」って聞かれて（笑）。「三〇代です」ってきっぱり言ったら、「ほんと、それ、ないから」ってみんなの前で社長に怒られて。慣れないことをしてはだめだなって思いました。

あのときの出来事を思い出すと、助成金を引き出せないんじゃないかと震えてるんですけど。褒めるべきは社長のネクタイだったんだなあって（笑）。失敗した。

信田　目を奪われる、ということをしないといけないんですよね。顔じゃなくて、ネクタイのあたりに視線を落として。こうやって身をかがめるようにして近づいていくんですよ。そうやるといいんです。

上間さんは、ネクタイなんかに関心がないひとと思われがちですよね、まわりから。その上間さんが、会った瞬間に、「素敵な色ですね」とか言ったら、絶対効きますよ。ネクタイを褒められて嫌な男性はいない。

上間　はああ。

信田　年齢とか、「お若く見えますね」もいいんだけど（笑）、ネクタイって独特なんですよ。ある種の、男のひとつのプレゼンテーションですから。

上間　そういえば素敵なネクタイだったかもしれない……。そっか。

沈黙に強くなる

上間　信田さんのお話しされたことでいうと、圧倒的な語りのところでちょっとちがうなと思って聞きましたね。

いま一〇代ママに会ってるのですが、彼女たちは話さないんですよね。あまり話さないので、聞きとりを終わってほしいのかなと思って早めに切り上げようとしても、今度はなんか終わってほしくはなさそうなかんじで。それで夜になって、ショートメールを送ると、今日はとっても楽しかったです、みたいな返事がきます。語り慣れてないひとたちだなあと思っています。

だから最近は、沈黙に強くなることを意識しています。いまの調査では、相手が黙っているときに、焦ってしゃべらないで、ぽわーんとのんびりしてるというか。私がリラックスしている顔をつくるのがとても大事なように思っています。こちらがのんびり言葉を待ってたら、話してくれるんだなというのもあるんですよね。

信田　私たちの仕事には、沈黙の扱い方にいろいろ考えがあります。一時間ずっとしゃべんないままでも意味があるっていうのは多いんですよ。グループでも、Tグループというのがあって、だれかが話し出さないかぎり、司会も何も言わないでじーっと待つという、拷問みたいなものもあります。

上間　しんどい（笑）。

信田　しんどいでしょう？　私も一回出たときに、もう、これって拷問みたいじゃないですかって言ったら、司会のひとはそれでも黙ってるの。みんなも黙ってて。沈黙って、ほんとうに難しいですよね。

上間　ずっと黙って顔見合わせてたら、ただそこは嫌な場所ですもんね。沈黙しているときに大事にしていることは、くつろいだ顔をすることですね。私が目指しているのは、調査者が聞きまくるんじゃなくて、最後に「今日は楽しかったな、おもしろかったな、いい時間だった」と思えることでもあるので。そのなかに沈黙もあるというかたちをつくりたいと思いますけどね。

信田　沈黙が怖くて、途切れなく話すひといません？

上間　あ、でも、どちらかというといまの調査ではいないかな。

現役のキャバの子に会ってるときには、みんな、こちらにサービスしてくれてるなあというのはありました。相手を楽しませるというか、トークで盛り上げてみたいな。いまの調査の子は、ほんとうにしゃべるのに慣れてない。自己の物語みたいなものをつくりあげていくことに慣れてないというか。でももちろん、自分が体験した話はあるんです。だからそういう具体的な体験、できごとを聞かなくてはと思っています。

読書案内②

『戦争とトラウマ』中村江里（信田）

精神病院の古いカルテを丹念に探索し、第二次世界大戦のもうひとつの犠牲者である戦争トラウマに苦しんだ元兵士たちについて描かれた記念碑的一冊である。PTSDの仕組みについてはまだまだ理解が進んでいるとは言い難いが、本書に登場する多くの事例を読むと、私たちの親世代の戦争経験が、復員してからの家族への暴力につながっている可能性を知ることができるだろう。（吉川弘文館、2018年）

『ブルースだってただの唄』藤本和子（上間）

1980年代にアメリカでなされた、日本人女性による米国黒人女性への聞き書きの記録です。容易になくならない差別と排除の構造のなかにあっても、ひとりひとりの経験とそのあり方は気高く美しい。著者がそのように彼女たちの姿を描けたのは、彼女たちとその体験に敬意を抱いていたからだと思います。声を聞くとはどういうことなのか、何度でも立ち返ることのできる本です。　（ちくま文庫、2020年）

『物語としてのケア』野口裕二（信田）

ナラティブ・セラピーは1990年代に日本の援助者たちに受け入れられたものである。それについての概説も含めて、私たちが日々語る言葉そのもの、語り（ナラティブ）とは何か、それがどのようにストーリー化されるかがわかりやすく書かれている。「現実」とは言葉によって構築されるという社会構築主義についても理解できる、ナラティブ・セラピーの古典ともいえる一冊。　（医学書院、2002年）

『よみがえれ公立中学』志水宏吉ほか編（上間）

関西圏在住の複数の研究者たちが、スクールエスノグラフィという手法を使い、尼崎市にある南中学校という場所を描こうとした参与観察の記録です。研究者たちは、生徒同士の関係、教師と生徒の関係、教師の同僚との関係などに注目しながら、日本の中学の全体像を描こうと奮闘します。教育学におけるフィールドワークのブームは、この本によってもたらされました。　（有信堂高文社、1991年）

第3章

話を聞いて書く

二〇二〇年二月二三日

上間　話す前にちょっと信田さんに聞きたくって。私、いま、パーツ論をすごくおもしろいと思って読んでるんです。人格がパーツ化していくという議論がありますよね。あれをベースに話すと、けっこう話が通じるんですよ。

信田　素晴らしい。

上間　具体的に知りたいのは、このまえ解離起こしそうだなあと思った方がいて。会っているときに、ボーッとしてしまうんですね。あとで聞くと、あんまり覚えてないと。長い性虐待があるんですね。小学校のどこでそれが始まったのか、その時期が曖昧になってるんですけど。お母さんがＤＶから逃れた一二歳のときまで性虐待が続いていたと、終わった時点ははっきり記憶があるんですよね。

私とは長く会っていて、私はこれまで、彼女は解離を持ってないとみてたんですよね。話の辻褄は合うんです。ただ、すごくいっぱい嘘はつきます。それで去年くらいからは、彼女が嘘ついたあとに、二人で笑えるようになっていて。「このまえのあれ、嘘だったね」みたいな感じで（笑）。「ついちゃうよね」っていう感じで話はできるようになっていたんですね。その子が、だいぶ落ち着いていたところで別の性被害にあって、そこから悪夢が出はじめたんです。

警察にも本人は行っていて、調書もとっていて、彼女は闘う気があるんですね。だけど、そこで悪夢がはじまって、幻聴が聞こえはじめたんです。自分のことを罵ってる声が聞こえると。それが怖くて怖くてしょうがないというので会いに行って、「いますごくしんどいから怖がらせて動かないようにさせてるかもしれないよ、その声はその子かもしれないね」って、私がパーツ論にもとづく話をしたら、ストンと落ちて。

その子、すごいんです。自分で対処方法を見つけていて。音楽を聞いたら声は止まる。タバコを吸っても声は止まるというんですね。そういう方法をとりながら、いま安全だよ、おうちだよ、精神科医の日に先生に相談しようねという話をして。

で、先生は、「いま私が警察でやってるのは、あなたが受けた性被害ではないよ」って話し方をしなさいと言ったんです。そして、「ネイルを見せて、ほら、手をみて。いまはもう、大人になってるよ。小学生のときこんなのしてなかったでしょ」って言うと落ち着くと思うのですが、声をかけられそうですかと。もっと細かく、一時間ずっといろんな説明を受けたんですけど。ちょっとおさまってるんですよね。

すごく不思議で。パーツの話は、ストーリーとして組み立てていく方法としても納得するんです。いま勉強会を準備してるんですが、この話は、支援をしている方でもピンと来る方と、なんじゃこりゃという方と両方の反応があるように思います。

精神疾患の鋳型

信田　今では解離性同一性障害といいますが、多重人格という言葉が一九九〇年代のなかばに大流行したことがあるんですよね。精神医学や臨床心理学には流行があって、八〇年代はボーダーライン（境界性パーソナリティ障害）が大流行したんですよ。
ところが、『アルジャーノンに花束を』みたいなアメリカの本が翻訳されて売れたり、ＡＣ（アダルト・チルドレン）が一九九六年からブームみたいに広がって。ＮＨＫで、多重人格を扱ったドラマ（「存在の深き眠り〜誰かが私の中にいる」）が放映されたり。それから一〇年くらいは、カウンセリングにも多重人格のひとがたくさんやってきました。それって、いまほとんどいないの。

上間　えー。

信田　だからね、よく言われることだけど、精神的な不安定さや疾患のエネルギーって、時代の鋳型に合わせて表現されるという説もあるんですね。
いま統合失調症も教科書みたいな重篤な患者さんはほとんど減ってきてます。日本の精神科病院経営には大打撃で、統合失調症の患者さんを長期に入院させるのが主たる財源だったわけですから。軽症化してこれぞ典型的な統合失調症というひとは減って、代わって二〇〇〇年代からうつ病が増えてきたんですよ。

　精神疾患の流行には、薬の開発も関係があるんです。日本では二〇〇〇年代に入りＳＳＲＩ（Selective Serotonin Reuptake Inhibitor／選択的セロトニン再取り込み阻害薬）が認可されました。一九八八年にアメリカでＳＳＲＩのプロザックという名前の抗うつ剤が発売されましたが、その効果からハッピードラッグと言われるほど人気が出たんです。

　このことは精神分析の退潮につながったと言われてます。精神分析って週に四回の実施が必要で、それを三、四年続けて効果が出るというわけですから、お金と時間がかかるんです。そのひとたちがプロザック飲んだら、一週間くらいで楽になっちゃうじゃん、って。プロザック革命と言われるほど、この薬は精神分析の退潮とうつ病の大流行を生んだんですね。二〇〇〇年代には日本でもＳＳＲＩが広く処方されるようになり、今では膨大な数のひとが服用していると言われています。

　人格交代みたいな現れ方ではなく、声色が変わったり、表情が変わったりすることでわかるような解離はむしろ発見されるのが早くなったんじゃないでしょうか。援助者のあいだでトラウマに関する知識が増えてきたのも大きいですね。

　パーツ論もとても興味深いですが、上間さんのようにちゃんと付き合ってくれるひとがいることが何より大切だと思います。治療法もいま上間さんが言ったようなものでした。何歳のあなたがこれをやってるから、いまのあなたはそれをちゃんと認めてあげましょうとか。そういうのは九〇年代からやられていたと思うんですね。だから、いま再び、なぜパーツというかたちで出てきてるのか……それはなんなんでしょうね。ＥＭＤＲはね、あんまり解離を促進しないと思うんだけどね。

上間　私と会いはじめたときから、幼いときに何が起きたかというのを語っているので、記録も膨大なんですね。本人も私にしゃべっているうちに、自己物語が統合されているように思ってきたのです。

私は彼女のストーリーを支えるという立場です。なぜこれを訴えなかったのかひとつとっても、彼女は少ない選択肢のなかでそのときのベストを選んできたと、私もその通りだと心の底から思えます。弟の父親からの被害なのですが、弟の面倒は彼女がみてたので、彼女自身が母親みたいな気持ちもどこかにあって。

解離は手ごわい

信田　お母さんはいないの？

上間　母親は、ＤＶを受けたことも関係してると思うんですけど、お母さま自身がきちんと子どもに関われない。

信田　要するに、養育機能を持っていなくて、彼女が一家の母みたいな役割で？

上間　そうです。彼女は自分も子どもなのに、弟を大事に育てたっていう。いま弟がいい子になっているんです。弟のために訴えないという彼女の選択は、正しかったんだなあと思っています。

　とはいえ彼女がいろんなトラブルを起こすと、母親は彼女を攻撃するんです。だから私はなんて割に合わない人生だって思ってる。出会って最初の一年は、母親に話して理解してもらったほうがいいんじゃないかと思っていましたが、いまはもう彼女が選んだことをすごいなと思っています。

信田　解離がいつから出現するのか、いろいろありますからね。学齢期、小さいころに解離があって、それが一部になって嘘つきになっちゃう子もいるし、嘘つきって解離してるひとが辻褄合わせで発生することが多いんですよ。虚言癖って言われたものも解離じゃないかって思ったりします。

　ロス事件として八〇年代初頭に騒がれた事件の三浦和義についても、そんな感じがします。解離が起こっていても、解離という言葉もない時代には、とにかく状況に適応するためにその場限りのことを語りますから。それが次々と起きると辻褄合わせが重なり、本当と嘘の区別がつかなくなるのではないかと。

　聞いていて、どこかぼんやりしているひとが解離と言われることもあるけど、過剰な辻褄の合わせ方もあやしいなと思うときがある。だから、話を聞いててよくわかるの。因果関係もピシッとしてるし、その通りだって思うけど、やっぱりいろんなひとに聞くと、それが解離の存在がない証明にはならないっていう。粘着的に辻褄合わせるひとがいるんですよね。

上間

いますねぇ、そういう方……。実は私、このまえ調査の子どもから自分の友だちがひどい目にあったという連絡をうけたんです。沖縄の支援系で仕事をしている大人が子どもたちにさまざまな暴力をふるっていたんですけど、自称「支援者」のその女性が、照合すると山のように嘘をついていたんです。

　大人に対する嘘の数々はまあいいとして、その方と関わると子どもたちが解離を起こすんです。私、びっくりしたんです。解離って仕込めるんだって。

信田　仕込めますよ。鋳型に合わせるというのは、そういうことです。模倣する。

上間　なるほど。そうか。だから、直す方法もあるし、過剰にそのストーリーに持っていきその子をはめることもできるということですね。両方ありえる。

信田　重篤な解離というのは、やってることと時間とが断絶するから、生きるのに困っちゃう。そんな記憶がないという重篤なレベルの解離も、なくはない。実際にある。だけど、それはほんの一部で、多くは模倣というか、型にはめるというか、モデルに合わせて自分をつくるというか。もともと解離的だったのがどんどん明確に解離していくということもあるし。

あまり言われないけど、犯罪の精神鑑定でいちばん困るのが解離なんですよ。覚えていないって言われると、昔は嘘だろう、嘘つくなでよかったんですよ。カツ丼差し入れて本当のことを吐かせるとか。でも解離というものがだんだんわかってくると、本当に覚えてないんじゃないかということも起きますね。性犯罪でもそれは起きるだろうし、男性で性加害しといて記憶がないというひともいますから。

上間　そうなんですね。なかなか手ごわいなあ。

医療との関係

信田　私たちの仕事と精神科医療の関係は、資格と深くかかわっています。二〇一八年から公認心理師という国家資格がスタートしています。それに先立って、一九八八年に臨床心理士という資格ができた。これは民間団体（資格認定協会）によるものです。このように、国家資格ができるのに三〇年かかっています。

　背景にある最大のポイントは、精神科医の反対ですよ。上間さんもおわかりだと思うけど、精神科医療というヒエラルキーのなかに、医者は同等の存在を置きたくないわけです。口ではチーム医療とかコラボレーションとか言ってますが、明らかに責任は医者にしか負えない体系になっている。保険診療の診断も医者がする。病院だって、入退院は医者が決める。チーム医療とか言われたって、給料も安いし責任もないし。そういう構造が一方にあるわけです。

　だから私は、精神科病院を辞めるとき、医療機関にはもう絶対勤めないぞって思った。そういう構造のなかでは馬鹿馬鹿しくてやってらんないと思ったの。当時はそこまで意識化してませんでしたが。

いまだからこうやって偉そうに言いますけど。当時は不全感とアイデンティティの揺らぎがあって、割に合わないという感覚、もっというと、屈辱感がありました。だって、なにかいいことやっても成果をさらっていかれるんですよ。

二一世紀の精神科医たちは、一九七〇年代よりはるかに腰も低いし、患者さんの応対もある意味では非常にリスペクトフルだし。でも、構造は変わってないですよ。平清盛みたいに、僧衣の下から鎧が見えたりするわけです。彼らも自覚的だから、それは出さないようにしてますけどね。

いまのは前置きで、私の職場では、私たちにできることはぜんぶ私たちでやります。でも、薬がほしいときがあるんですよね。このひと、抗うつ剤の投与が必要かなって。睡眠薬・睡眠導入剤と抗不安薬と、抗うつ薬の三点セットは意味があるんですね。もうひとつは、自殺しそうなひとを入院させてくれる、とにかく環境を変えて三日間程度死ねないような場所に置いてくれるという機能ですかね。医療に期待するのはそれくらいかな。

上間

やっぱり薬のことは大きいように思います。いま精神科医のところに一緒に行ってる子は、ある時期、お布団が怖いっていうことに気づいたんですね。眠ってないなあというのがわかったんですけど。お布団に触るのを気持ち悪そうにしてるなと気がついて。それで聞いてみたら、やっぱりお布団が怖いって。眠れないのとも関係してると思うって。
　それで病院に行ってお薬をもらって、ＥＭＤＲの治療を受けることができるよ、それは何が起きたかを詳しく言うものではないよという話をしたんですけど。そこから一年間嫌だと言われ続け、「だれかに話したくらいで変わりますかね？」って聞かれて。

信田　ふふふふふ（笑）。

上間　そうねって（笑）。そういうときに無理強いしてもだめだなあと思って止めました。でもそれから一年経って、治りたいって言いはじめたんですよ。そういう話をしたときに病院に行きましたけど。
　眠れない方は、何名かいます。非常にひどい体験を持っていて、そのことが関係してるんじゃないかと思いますけど、不安が強くて不安の中身がはっきり言えないというか。言語化されていくと事象がすこしコントロールできるようになっていくと思うんですけど、怖さというかなにかバクッとしてるときがあるんです。塊みたいな。そういうときには、恐怖がおさまらないというか。本当はそういうときには薬で眠れるようになるから、だいぶそれで落ち着くけどなあと思うんですけど。
　解離がある子はほかにもいます。おじいちゃんという人格があると。病院に行きたいっていう話をするけど、その日になったらやっぱりキャンセルしますね。

信田　おじいちゃんとは何が関係あるんですか？

上間　なぜでしょうね。彼女はその人物のことを認識しているわけではないんです。ただ解離を起こしているときは、年寄りみたいな言動で振る舞う。彼女はまわりに言われて知ってるだけで、自分では認知できないという話でした。

信田　自分が怖がってるひとそっくりになることありますよね。このあいだある自助グループのメンバーの体験発表をオンラインで聞いてて。ああこのひとしょっちゅう解離を起こしてるってみんなが思いました。
　おじいちゃんからのあらゆる虐待があったんだけど、ときどき、声がおじいちゃんになるの。すごい低い声になって。自分を罵るときの表情もおじいちゃんみたいになって。zoom の画面で見てて、解離してるのがわかるって、ほんとに不思議ですよね。

上間　幻聴が聞こえると言っていた子は、医師と話してずいぶん落ち着いたんです。医師と話し合いをしたあと、その子と私はラーメン食べに行ったんです。そしたら「あのとき喉を女の子が絞めて、このお医者さん悪いひとかもしれないからしゃべらないでって、すごく抵抗してた」って。実際にその場で、ところどころ黙ってたんですよ。「いまもなにか言ってる?」って聞いたら、「上間さんには言ってない」って。不思議なんです。テキストや理論の理屈通りに彼女が進んでいくのはなぜなんだろうって。彼女はテキストを読んでないはずなのに、それでもそのとおりのことを言う。なので、なんじゃらほいって。

信田　テキストが、ものすごい豊富な臨床例から書かれているということですかね。優れた本というのは、実際に事例を経験したひとが書くわけですね。精神分析の理論も、フロイトの仮説に修正をみんな加えてきたという歴史がありますが、臨床場面で格闘しながらつくっていくわけでしょう。だから上間さんが出会っているような方もいるってことでしょうね。

加害はパターン化している

信田　私の持論なんですけど、虐待でもＤＶでも、ものすごいパターン化してる。

上間　あ！　なるほど。

信田　個別事例といいますが、日本で子どもの虐待の知識が広まって、逆に親の行動がそれに合わせてるんじゃないか。身体的虐待、心理的虐待、ネグレクト、性虐待の四分類は、どこの自治体のパンフレットにも書いてあるので。

虐待の影響なんかも、アメリカから入ってきた知識が大きいので、それに影響されて出現するような感じでしょうか。でも、ＤＶについてはアメリカにあっても、日本では少ないものがありますね。

上間　たとえば、どんなものですか？

信田　嫉妬からのＤＶは、日本では少ないですよね。アメリカでは、嫉妬によるＤＶが優位を占めるんですが、日本はデートＤＶのような結婚未満のカップルでは嫉妬みたいのがあるんですけど。結婚して子どももいるような夫婦で、嫉妬でＤＶというのはほとんどないですよね。

上間　そっか、日本とアメリカでは所有をめぐる文化がちがうということですね。

信田　そう、所有と、母をめぐる文化。「どうしてわかってくれないのか」「あんなしつけ、母親として失格だ」と言って殴るんですよ。

ほかの男と会ってただろうというのは、あんまりないですね。日本で最初にＤＶ加害者プログラムやって、一番びっくりしたのはそれです。

上間　ちなみに、どういうパターンがありますか？

信田　根源的な質問（笑）。ひとことで言えないですけど、ＤＶだったら加害者更生プログラムの輪っか（車輪の図）がありますよね。だいたいあれに沿います。

ただね、日本で私たちが会う加害者の場合は、全員自分が被害者だと思ってる。

上間　あっ、そうですね！

信田　なんの被害者だと思っているかは、いろいろ違いますし。妻の被害に向き合ったと

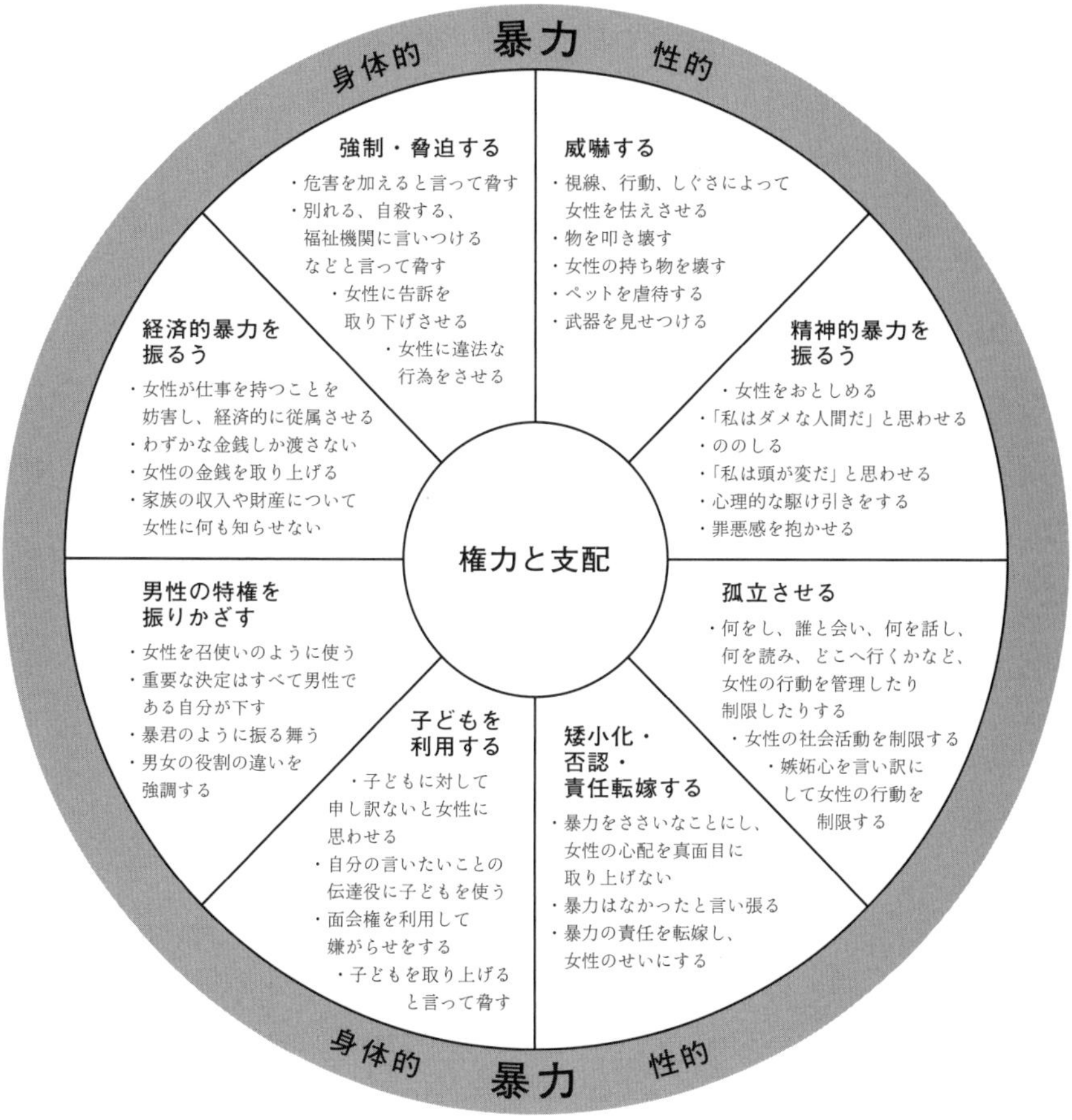

エレン・ペンスほか『暴力男性の教育プログラム——ドゥルース・モデル』
波田あい子監訳、誠信書房、2004より

きの違いはありますけどね。

でも最近は、殴るのは本当に少ない。二〇〇〇年代の初めから、私たちのカウンセリングにやってくる被害者も加害者も、身体的ＤＶは半分以下でしたからね。殴らない。言葉で追い詰める型、経済的な管理型、あとはミソジニー丸出し型とか。

あとは、子どもと連合して母親を知的障害者扱いするとか。幕藩体制と似てて笑っちゃうんですよね。分断支配とか。謀反起こさせて取り潰すとかね。そんなことをやってるんで、女性のほうが政治家に向いていると思うのはそういうところですよね。

上間　見抜いているし、スキルも持っているし。地位がないからあぐらをかかないで、戦略を練らないといけないということなんですね（笑）。

精神科の役割

上間　信田さんのところでは、相手に会うとき、そもそも事前にどんな情報を聞いてるんですか？

信田　お困りなこと＝主訴はなにかを聞いてますね。「息子が出版社に勤めてるんですけど、うつです」とか。それで、「母親としてどう対応していいかわからないです」くらいの情報ですね。

私たちのところには受付対応のスタッフがいますけど、マニュアルで決まってます。病院だと予診があったりしますよね。一から聞いてたら時間かかっちゃうので、ザーッと聞きますけど。私たちはそういうことしないですね。電話で聞くのは、住所、名前、どういうことでお困りか、精神科（医療機関）にかかってるか、別の相談機関に行ってるかどうか。これくらいですね。

通院中の医療機関があれば、紹介状を必ずもらってきてくださいと言います。それは、公認心理師という国家資格の仁義になりますね。相談機関も、二股かけるのはまずいですよと。そんな言い方はしないですけど。「そのカウンセラーの承諾は得てますか？」って。そのお答えしだいで、お断りしたり。

上間　ふたつにかかると、何に困るんですか？

信田　それはね、役割分担が明確になってないかぎり、むずかしいんですよね。方針が別々になるとまずいでしょ。医者でも、同時にふたつの内科には行けないでしょう？一本化したほうが、統合的に全体が見れる。でもね、主治医にカウンセリングなんか行く必要ないですと言われたら、それは医者の言うとおりにしてくださいって言います。

医者にかかるっていうことの幻想もあると思います。わずか一〇分も話さないで診断が下せるはずはないし。話をしながら、どの薬を出そうかって医者は考えてるわけです。収入は、一〇分以内の面接でも二〇分でも同じ精神療法の点数ですし、薬を処方すれば薬価が入る。だから、午前中に何人の診察をすればいいのかが、医療経済的に計算できちゃうわけです。

部屋代と人件費を払うには、逆算すると午前は何人見ればいいか。そうすると、一人一五分は多すぎる、だいたいどこでも同じですよ。精神科医であるクライエントに聞いた話ですが、患者さんが診察室に入って五分過ぎると受付のひとがドアをトントンってやるんですって。あと三分ですよって。

「ドリフターズ診療」って有名でしょう？『8時だョ！　全員集合』で、「飯食ったか」「宿題やったか」って言うんですよ。だから、冬だったら座ってコート脱がせる前に、「眠れてますか？」「食べられてますか？」「調子どうですか？」って聞いて、「あっ、では前回のままの処方で。お疲れさま、また来週」ってやるんですって（松本俊彦『誰がために医師はいる』みすず書房、二〇二一参照）。

上間　すごいですね。

信田　それが精神医療の実態なので、私は医者に診てもらう理由のほとんどは薬じゃないかなと思っていますけどね。

上間　私が精神科の先生を探しているときの条件は、話を聞く医者、でした。いま同行している病院の先生は、予約時間を一一時と一一時半みたいな感じで、ふた枠とっています。一時間、話を聞くという時間設定をしています。

信田　どうやって収支を？

上間　わからないんです。ただ、個人で開業されましたね。病院に連れて行くと、とにかくたくさん話を聞かれて、エンパワメントされてる。お薬もあんまり出さない。沖縄でもう一六年仕事してきているので、どうもその先生はちょっとちがうぞ、という手ごたえがあって。安心して行ける病院はここかなあと。

信田　個人で開業されるのは、よかったですね。

良心的な精神科医たちは、東京でも、保険診療で午前にガーッと稼いで、午後は自費で、とか。だからね、ほんとに治療の手応えを感じたいと思ったら、精神科医も悩みが深いと思いますね。診断の実力も上がらないですしね。薬の知識だけが増えても、彼らの自信にはつながらないですよ。

上間　ねじれてるんですか？

信田　日本の健康保険制度の良さでもあり、弊害でもあると思います。だから一部では、精神科が自費診療をはじめたので、料金的には私たちと同じ土俵になるわけです。やれるもんならやってみなさいと（笑）。

いまの関連でいうと、性被害は、精神科医がもっとも嫌いますね。依存症と性被害。ものすごい時間がかかるし、経験がものを言うし。当事者の話をちゃんと聞かなきゃいけないし、話してもらえるまでに時間がかかるから。

上間　さっきの彼女は、精神科は嫌だと言ってちがうところに行ったんです。でも、そこでは性被害の話じたいが認められなかったんですね。それをいまの先生に聞いたら、同じようなことをおっしゃってましたね。

性被害のトラウマの話を精神科医は嫌うし、トリガーがそこにあるということすら認めない。それで、余計にそのひとを苦しませる。その先生はトラウマがあるということを認めるほうが治療は進むし、実際に苦悩はあるわけだから、そこにスポットを当てないと動かないと思ってらっしゃるので、そうとう変わってると思いますけどね。

値踏みされている

上間　でも、事前の情報って、私もほとんどゼロに近い。なになに中学校出身の子が紹介してくれたので、なになに中の何期生だなというのはわかります。土地柄が強く出ている場所が沖縄にはいくつかあるので、学区を言われるだけでわかることもあるんですけど。

お会いする前にあたりをつけておくために、その子の地元まわって、この中学校だと動線こうかなというところまではやりますけど。私が知っているのは、だいたいそれくらいの知識ですかね。この地区の子どもたちの溜まり場になりそうなのはどこだったかな、というのは過去の調査からも少し考えておいて。ここの公園かな、ここのコンビニかなっていうのは考えますが、個人情報はぜんぜんないです。

ただ、本人たちのほうがインタビューの前に調べているんです。ネットで私の名前を検索すると、ヒットするんですね。私がずっと風俗の子の話を聞いてるというのもわかるんです。

いま、私がやっているのは若年出産した女の子の調査なんです。その前の調査は風俗業界で働いている子たちでしたから、私が調査をしている対象はちがうはずなんです。でも、あんまり変わらなかったんです、彼女たちのバックボーンや社会階層は。

つまりどちらも、中卒、一〇代で子どもを産んだママ、初職風俗なんですね。それで今の調査で会っている子たちは、子どもを産んだ話をしながら、初めて働いたのはキャバクラだよ、中学生のときだよと話すんですね。調査項目には、風俗での仕事について聞く項目はないんですよ。でも、みんな話す。これはなにかなと思ったら、事前に私のことを調べていて。その話をしてもひかないひとだと知っていた。

信田　いま私たちのほうが透明化してますからね。向こうは検索してきます。いい意味かわるい意味かわからないけど、私なんかは先入観を壊さないといけないんですよ。わざとじゃないですけど、だいたいドジなことやる（笑）。

「あなた、信田さよ子さんですか？」って言われたことあるんですよ。「そうですか、もっと優しいひとかと思ってました」って（笑）。

上間　あはは。

信田　五〇代のころはもっとアクセサリーもじゃらじゃらつけて、ケバかったんですよ。こんにちは、信田と申しますと部屋に入ってしばらく経ったら、「あのう、ほんとに信田さんですか？」って。それは忘れられない。担当カウンセラーを変えてくださいと言われて。

上間　イメージの信田さよ子ではなかった？

信田　なかった。私の書いたものを読んで、どうやってそういうイメージが湧くのかなと思うけど（笑）。

上間　私の場合には、友だちの口利きの紹介が大事ですね。友だちが紹介してくれるときには、「友だちが楽しかったっていってた」というのが多いんですよね。たしかに私は、一回目はとても軽やかに、うざくないようにして、だいたい七〇分くらいで切り上げます。あんまりシビアにならない。

ただ最近、いきなり重い告白みたいな話があるんです。自分でもよく意味がわからないのですが。お会いしてすぐに幼少期の性虐待の話をする方がいて。お会いして一回目とか二回目で話すというのがあるんですよ。

　こっちからすると、何も関係性ができてないようにも思える。また、こんなに早い段階で私に話してるってことは、当然ほかのひとにも話してるのかなと思っていたら、そうじゃなくて、初めて大人に話したと言われる。

信田　なんだろう、覚悟して来るのか、このひとなら大丈夫って思うのか。

上間　話すと決めて来たときはわかりますね。打越さんと風俗の調査をしてるときに、一五歳から二〇歳までセックスワーカーしてきた子に会ったんです。楽しくご飯を食べていたんですけど、「あ、この子は今日、話そうとしてるな」って。居ずまいは静かだったんですけど、ちゃんと話そうというかんじで来ていて。ちゃらっとしないというか。

　ただ、発表するというのはまた別ですよね。このまえ、すごく重い話を聞いている方とお会いしているときに、トランスクリプトを確認して、どこをどう隠すかの話をしているときに、お兄さんに性暴力を受けたっていう話は、単独では書かないでほしいと言われたんですよね。アカデミックなデータとしてはいいけど、『裸足で逃げる』

みたいな個人史のかたちでは書かないで、と。
でも、途中で彼女は揺れはじめて、自分の夫には知ってもらいたいと言ったんです。びっくりして「このこと、夫に話してないの？」と聞いたら、知っているひとは数名で、夫が知ってることは本当に少しだけで、ＤＶ受けていたくらいしか話していないと。だから、なんていうのか、いったん口にして言葉にしてみたかったというのもあるのかなと思って。聞かされてもびっくりしなさそうなひとに。
前は、もっとハードルが高かった気がします。私が値踏みされる時間が長かった。

信田　値踏みされますよね。

上間　この話でビビらないかな、とか。とっても見られてると思います。

信田　傾聴とか共感とか言いますけどね。傾聴は意味があるけど、共感って意味がないと思うのは、向こうが値踏みして、話した時点で合格点もらってるというか。そのあとの反応もけっこう査定されてますからね。
いまでもありますよ、自分が査定されてる感じ。ベテランとか言われますけど、当事者のお眼鏡にかなってるかどうかは大きいですよね。

上間　査定されるのは私だけじゃないんですよね。赤ちゃんを連れてくるひとがいるときに、「その日、シッターさんつけましょうか」って言うんですよ。実はこのシッターさんが誰かというところでも違っていて、今日のひとは合格だったとか、今日はウザかったなみたいな反応してるときとかあったりします。
値踏みされているのは、私だけではなく調査全体です。当事者の方って本当に敏感だなあと思います。このひとは、自分を批判しないかというところの嗅覚があって、総合的に見ている。

お金をもらうか払うか

信田　もちろん私たちはお金を払ってもらってるわけだし、ある意味では、命がかかってるというかね、切った張ったの世界です。カウンセリングというのは、お悩みを聞くみたいなライトな言葉で言われてますが、実は命がかかってるような気がするんですよ。生きてくうえで不可欠というか、これを話さずにはいられないというか。だからこそ、話を聞くときってすごいですよね。
上間さんは、どんな感じがするんですか？

上間　これは逆だと思ってるところでした。信田さんに話を聞いてもらうために、当事者はお金を払いますよね。私は、私が当事者の方に話を聞かせてもらうということで、謝礼を払います。三〇〇〇円とか少額ですが、「今日は本当にありがとうございました」と言って払います。

信田　お金、払ってるんだ！

上間　払います。美しい紙で包んでちゃんと封筒にいれて、「話してもらってありがとうございます、ほんとにわずかで申し訳ないんですが」と言って渡します。お会いすることが長期になって、自分のことを私が書くことが前提になっていて、長い時間を一緒に過ごす方にはそういうふうには払いませんけど、ワンショット・サーベイとトランスクリプトの確認というかたちで設計している今の調査では必ず払います。
　たとえばメディアは絶対払わないんですよね、取材を金で買うといって嫌がる。でも私は、聞かせてもらってる話はとても特別な話であって、その話を教えてもらってるのはこちらのほうです、という位置づけをするんです。

信田　なるほどね。もちろん医療だって、受ける側が保険料払って、なおかつ三割負担なわけでしょう。だから、私のなかにもいくつかあって、保険診療の約三、四倍のお金を払ってもらってるというある種の負い目があるんです。そんなに経済的に豊かな方ばっかりがいらっしゃるわけでもないので。計算すると、交通費も入れて、月に一度来れるかどうか。いまはオンラインも多いですけど。

私なんか最初に、この方、今後お金をどこまで払えるんだろうというのが、パッと頭に浮かぶんですよ。それがね、ぜんぶ外れるの。不思議ですよ。お金持ちのひとが来ることがあるんだけど、お金持ちのほうがケチ。ほんと。平気で、お高いですねとか。誰が見ても、ブランドものを着て、キラキラのメガネで、都心にビル持ってるようなひとなのに。

なかには、生活保護のひとも来談されるんですね。基本的にカウンセリングなんか、ダメなんですよ。福祉のケースワーカーからはそんなお金があるんなら、別の収入があるんだろうとか疑われちゃいますから、内緒で来たりする。毎日すこしずつお金を貯めてね、一万円たまった時点で予約とって。そうやって年に二、三回来るひともいます。

なんていうのかな、お金の高い安いというのが、あんまりモチベーション的には問題にならないですね。むしろ私は、お金をもらってるのでがんばらなきゃというモチベーションだし、お金のぶんだけこのひとが一時間で得てるだろうかというのもあるし。

もうひとつ言うと、専門家の「偉い」っていうワンアップが、お金によって水平化するというか、ある種の対等性が確保される。お金って、対等性に寄与するんじゃないかと思うんですよね。上間さんも、話をしてくれることにお金を払うことで、対等性が担保できるというか。私たちは、来てもらって、お金を払ってもらって、一時間のあいだに何かもらって帰ってもらうということですよね。

無料って、怖くてできないですよ。ボランティア相談とか、むずかしいですね。

上間　カウンセリングとはもちろん機能が違うと思うのですが、たとえば貧困研究界隈では、研究者が話を聞いてあげること自体がエンパワメントだみたいな。とんでもない搾取の構造があるように私は思っているんです。

このまえも、他県から沖縄にきて、私の調査の子たちに、一流の料理人が廃棄物になるような食材を使ってごはんをつくって、よい時間を過ごしましょうという企画を持ってきた研究者がいたんです。zoomでの打ち合わせの途中で、私はもう、「すみません、もう耐えられません」って言って。「私は私の調査の子、誰ひとりこの席についてもらいたくない」って。

それで調べてみたら、支援系もやってる偉い方でした。でも、当事者にお話を聞いてデータを収集して、それで終わりなんですよ。そういうのは、奪ってると思っていますね、当事者の言葉を。

許諾のとりかた

上間　二時間なら二時間、お洋服着替えてお話の場所まで来てくれて、話そうと思って話してくれる方には、こっちがありがたいという立場なんですよね。ごはんもご馳走しますし、私も一緒に何かを食べます。だいたい美味しい食べものがあるほうが、インタビューはいい時間になるんですよ。

　これは調査であり、アカデミック・データにしますということで、私の研究の材料ですという話をします。使い方としては、『裸足で逃げる』みたいなかたちの一般的なものもあるし、そうではなくて、完全にコーディングしたかたちのデータの設計の仕方で出すこともあるよって。トランスクリプトをみせて、どう加工するかの話もしますね。

　いま念書のようなものを書かせるのが、社会調査のスタンダードなんですよね。裁判になったら負けてしまうので、念書を交わせという指導があるんです。

だけど、紙で書かされるのが嫌いなひとたちなので、私の場合は、私が説明しているところは録音に入っていいます。こういうふうに使うよ、地域名いっさい出ないよ、名前も出ないよって。そういう話もぜんぶ入ってて。

若年出産調査は当初はワンショットサーベイで企画していたので、この調査をはじめたころは、本人にボイスレコーダーを押してもらうってことまでやってたんですけど、儀式的だなと思ってやめました。

信田　いつまでやってたんですか？

上間　二〇一七年の調査開始時、数名の方まではしています。でも、紙の念書を書いてもらったことは、実は、一度もないんです。聞き取りの場に紙を出すと嫌がるなあというのが、調査はじめたときから実感があって。紙だけではなく、紙をもってるひとが嫌いというひとが多いんですよね。それだけで学校のひとになってしまうので。

でも、もちろん聞き取りで聞きたいことは設計してます。まずは紹介者を糸口にしたネットワークを最初に。赤ちゃんが生まれるまでのことで親密圏のことを総ざらい。そのときの恋愛関係。生まれたあと、思惑と違ったか一緒だったか。これは関係レベルと経済的な側面に注目します。だいたい初職もこのあたりで語られ、それとセットで学校体験、ですね。でも、紙に書いてみせることはない。

紙を出すときは、本当に最後です。いまの若年出産女性調査では、子どもの生物学的な父親の仕事、学歴、親の仕事と親の学歴の項目があり、それを紙でもらっています。この紙を見せるのは最後ですね。テーブルには質問紙はなくて、ただ美味しそうなものを置いてインタビューします。紙を置くと緊張するので、三回目四回目に会ってくれるのは難しいなぁって思います。

アカデミックなところでは、固有名詞は出さないようにしていて、地名だったり、調べてわかるぶんにはしょうがないというかたちでいくんです。ある地域調査をしているときに、引用文献で使うものに地域の名前が出たりしますよね。

でも、個人の倫理の問題はすごく大事で、臨床的なものを扱うときには、相手との契約書を交わしなさいと。いろんな項目ありますけど、承諾したというものをとりなさいと。それは訴訟になったときに、勝てるようなものを置いておけ、ということですね。でも、ダメなんですよ、それは。

信田　いまオンラインになったときは同意書を郵便でやりとりするんで、実際には出てこないんですけど。実は私たちの業界もね、オーソドックスなトレーニングって、同意書とか治療契約書みたいなものを書かすんですよ。

でもね、私はそれができなかったの。上間さんのおっしゃるとおりで、話をするっていうお互いの関係のときに、紙を出して、ここにサインしてくださいとはとうてい言えない。だから、私もやったことないんですよ。だけど同業者のなかには、それをやらないと、なにかあったときに責任を取れないみたいな。多いですよね。

書く責任

上間　怖さはあるんですけど、書くというときの責任は私しかとれないですよね。謝罪しつづけないといけないことが起きるかもしれないし、書かれたものが、本人にとっては不本意なものになるかもしれない。最後までそれはあるんですけど、それは責任をとるしかないなあって。

ただ、『裸足で逃げる』を出したあとの読み合わせはじつは録音していて、トランスクリプトもつくってます。それは、何をいいと言って、何をだめと言ったかわからなくなるのが嫌だというのもあるし、もうひとつは、気になるというか、許可しなかったという話になったときにどうしようというのもあるというので、そういった意味では怯えはゼロではありません。ただ、つくってはいるけど、もちろん許可した、しなかったという問題のために使ったことはありません。

そういうふうにしているので、書き直してほしいといわれてまるごと書き直した原稿もありますし、未発表の原稿もあります。書いていいといわれたから原稿にしたけれど、読みあわせのときになって「上間さんにだけわかってもらえればよかった。私は社会に対して言いたいことはない」といわれてボツになってしまったんです。

調査としては残念ですが、でも仕方ないように思います。調査ってやっぱり迷惑ですよ。書くことによって迷惑をかけることは、そういうやり方でしか回避できないと思います。

信田　こんなに共通してるとは、びっくりしますね。原宿カウンセリングセンターは設立からもう二五年ですけど、訴訟が一件もないの。

上間　ああ！　すごい。

信田　私ね、それは当たり前だと思ってたんですよ。頼もうと思えば頼めるけど、顧問弁護士もいないし。それを言ったらみんなにびっくりされて、ということは、そんなにみんな訴訟があるんだって思っちゃいました。なんで訴訟になるんでしょう。

上間　私たちの業界で、当事者のものを使って訴えられてる方はいます。これは削除してほしいとか、版元が本を回収したとかで、業界全体が怯えているというか。

信田　そうですよね、ほんと怯えてますよね。私いつもね、偉いひとから、「信田さん、ああいう書き方もうやめないとだめよ」って言われるんですよ。私、事例書いてるように見えるじゃないですか。
　でもね、私は事例書いてないんですよ。ぜんぶフィクションなんだけど。モデルいないしって言ったら、「そんなこと言って。訴えられたらどうするのよ」って二〇年言い続けてるひといるんですよ。

上間　上野千鶴子さん？

信田　そう。会うたびに言われるの。あなたはほんとに心臓が強いわねって。だけど、これは私だなんて言われないと思ってるし、モデルがいるとしたら複数ですしね。
　ただね、いつも言われるのは逆ですよ。「信田さん、私の家の天井に盗聴器を仕掛けておいて、隠しカメラで録画して書いたんじゃないですかって思うくらい、うちそのものです」

そういう方は、三〇人とか四〇人もいるの。だから、私がここにいると思って救われるひともいるし。上間さんもそうですよね、自分の個人的な語りが、トランスクリプトみたいなかたちで貢献できるわけだし、性被害の回復に貢献したりもする。だから、いまの怯えてる雰囲気が超嫌なんですよ。上野さん大好きなんだけど、そこだけ嫌なの！

上間　いくつかの話を混ぜてるのだろうとは思いながらも、そうは思えない書きぶりでリアリティがあるというのは、とんでもないことだなと思いますね。

モスバーガーの文脈

信田　『カウンセラーは何を見ているか』でも書いたんですが、そのひとの住所で想像力が膨らむんですよ。名前忘れても、練馬区どこどこのひとですと言われると、パッと思い出すんです。なんていうのかな、ゲームのキャラが動くみたいに、世田谷区桜新町と言われるとイメージが膨らんで、そこに住んでいたひとが三人くらい浮かんできて、物語が展開するかんじですかね。

上間　舞台、なんですね。

信田　舞台だね！　そうだね、舞台。

上間　私の会っている子たちは、沖縄だから想像しやすいというのがあると思いますね。東京で調査してるときには、土地勘が全然ないので、土地の名前を聞いても、街を歩いてもなにもわからなかったです。

沖縄は逆ですよね。地名を聞いて中学校名を聞いたら、だいたい、どういうかんじのコミュニティだなっていうあたりがつく。貧しいところだけど、働いている親がいても収入が低い地域なのか。それとも男親はほぼ働かないようなスラムに近いところなのか。

ひとことで困難な地域といっても、グラデーションがあるんですね。そこに基地がどう関係するかというのもあります。それを一回目であたりつけていると話の動線が見えやすくなる。それはやっぱり舞台をわかっておく程度だと思います。

あと、聞きとりは外でしてるので、聞きとりのお店をどうするかってときには、ヒエラルキーがあります（笑）。大人からするとなんでもないけど、一〇代にとって重要だなと思ってるのは、スタバって指名すると、お店のなかの動線の動き方がわかってないとむずかしいですよね。ここで注文します、ここで飲みもののアレンジしますっていうのがわからないときついお店なんです。
スタバの飲みものの値段は、お弁当の値段ですよ！　だから、初めて私と待ち合わせするところがスタバだったりすると、気後れすることがあるんです。そういうときには、注文のときに一緒に行って、私がその子の好きなものを注文して、それでも緊張感高そうな子は、同じものを注文して私が動線を見せて。そういうことは考えたりするんですね。
それでも場数を重ねて、いろいろやってわかってきたから、一回目聞き取りにスタバ置かないんです。もうすこし軽めのもので。

信田　何があるんですか？

上間　スタバで、モスバーガーで、エンダー（A&W）で、マックです。このなかで緊張感なく、友だちにいばれるのが、モスバーガーなんですよ。ちょっとお高いので。

信田　すごい、おもしろい！

上間　学校聞いて、あ、「じゃあ近くにモスバーガーがあるから、そこにしようか」というと、「三カ月ぶりに来たよ！」とか喜んでくれる。
このまえ会った子はえらく素直で、私が一〇〇〇円札渡して、「どうぞー！　なにか注文してきて」って言ったら、「ええ、こんなに使っていいの？」ってうれしそうに注文しに行って。「とびきりチーズバーガーを頼んでしまった」って戻ってきて、インスタにあげてたんです。この子、うれしいという気持ちをこちらに見せるのが上手だなと思って見てたんですけど。
なんか、そういうヒエラルキーがありますよ。あと、子連れのときにはマックがいいとかね。室内に遊び場所があって、子どもがごちゃごちゃ騒いでも大丈夫だから。

信田　そっか。スタバは、トップなんだ。

上間　沖縄では、いばりアイテムです。そこでインタビューすると、だいたいインスタあげてますよね（笑）。
もちろんキャバの子たちは、スタバ指定してもなんの緊張感もなく動けるんです。でも、今の調査の一〇代のママたちは、そこがむずかしい子います。気後れでつらくて、どうしていいかわからないというか。

身体は触らない

上間　そうやっていろいろ気は遣って会っているんですけど、そういうことをしないのがアカデミックな研究のデータだと考えられているところもあるように思うんですね。なんていうのかな、相手に媚《こび》を売るじゃないけれども。ごちそうもしない、とか。

私はそこは完全にアンチで、いい時間で楽しくって、おいしいものも食べて、お金もちょっとだけどもらって、ゆっくり話聞かれてよかった、自分ってすごいなぁって思ってもらいたいと思います。

あと、ヘビーなお話の子、特にトランスクリプトの確認で会うときに、とっても重いものを確認しないといけないので、必ずきれいなお菓子のつめあわせも持っていくんです。だいたいそういう話をしたあとは、夜眠れなくなるから。

眠れなくなった夜にきれいなお菓子食べたりして、今日、自分はがんばってお話ししたなあとか、こういうのもらってきて美味しいなあとか思ってもらえるように。ほんとにかわいい、クッキーやチョコレートの詰め合わせとかは常にチェックして、いいの見つけたら絶対買ってるんですけど。話したあと、それを持って家に帰ったあとで、一人の時間を、自分で温められるようにと思ってますね。

信田　そうね、もの食べるとか禁止なんですよね。あれは禁欲なの？

上間　あるような気がしますね。

信田　逆に、禁止しないとどんなことでもできちゃうと思ってるんですかね。

上間　なんだろう。この話、きちんと考えたことがないんです。一緒に何かを食べる、というのは特別なものを生みますよね。

信田　基本的にカウンセリングでも、身体接触はバツ、もちろん飲食をともにしない。たぶん、精神分析からの伝統で。

　私も身体には触らないようにしてるんです。すごく苦い思い出があって、性被害を受けたひとだったんですよ。家からも出られないんだけど、カウンセリングには来ていて。いつも真っ黒なダウン着て、真っ黒な帽子かぶって、お母さんが沖縄出身のひとだったの。部屋でもダウンを脱がないの。

　何回か来ていて、なんかの拍子に私が彼女にパッと触ったんですよ。なかなか思い出せないんですが。そしたら、さっと身を引いたんですね。で、その次から来なくなって。痛恨の。別に触ろうと思って触ったんじゃないですよ、自己弁護してるんですけどね。そしたら、その一年後にお母さんから自殺したって電話がかかってきました。私、あの行為も関係したんだと思う。すべては推測ですけどね。

だから、性被害を受けたひとって、ほんとに、別の教科書がいりますね。上間さんがおっしゃってるみたいに、話した夜は眠れない、だからかわいいチョコレートを、とかね。

夕方の六時半から、親から被害を受けたＡＣ（アダルト・チルドレン）の女性のグループを二五年間続けてます。コロナ禍で今はオンラインなので、夜の八時に開始して一一時半に終わるという（笑）。長丁場。一三、一四人が話すと、一一時に終わるのが奇跡です。ウイークデイですからみんな翌日仕事があったりするし、大変なんですけどね。

対面で実施していたとき、休憩時間におやつオッケーにしたの。そしたら、みなさんいろいろ持ってくるんです。遠方の方も多くて、お土産物とか。お正月には自分でつくった伊達巻とかね。制限かけませんし、もちろんボランタリーですが、みんなで食べておいしいねーって。

グループカウンセリングでも、一般的に食べるのは禁止されてるんですよ。だけど、すごく意味があると思うんですね。

上間　私も触らないようにしていますね。その子が泣いてても触らないようにします。ハンカチはきれいなアイロンのかかったものを準備していますけど。泣き出したときに、よろしければと差し出せるように。

でも、実は触った方も何名かいて、それは病院の手術で出産の立ち合いのとき、警察案件のときですね（笑）。こんなときには、もういいんじゃないかって。

警察に自首するときって、ぶるぶるぶるぶる震えるんですよ、怖くて。入り口で身体がまったく動けなくなって。そういうときは、「手握っていいようかー？」って言ったり、「肩がたがただから揉もうか？」って聞いて触りましたけど。出産とかもね、やっぱり修羅場になるので。「さするね！」みたいなかんじ（笑）。それ以外は、境界線が大事なんだなと思うので。触るのはとっておこうと思ってます。

信田　そのあたり、むずかしいですよね。不思議なのは、介護福祉士とかね、看護師のひとたちって、仕事場での身体接触はＯＫですけど、そういうバックグラウンドがあるひとって抵抗なく触りますよね。

上間　わかります、わかります。

信田　グループで話して泣いたりするひとがいると、私なんかどうってことないんだけど、隣に座ってるのが介護の仕事してるひとだと、スッと背中さすったりするの。そういうのって不思議で、職業的なものというか。介護って身体触るのが仕事ですからね。

上間　嫌なかんじで触らないですよね。ほっとするというか。

信田　私が咳すると、そばに来てさすってくれて、気持ちいいんですよ（笑）。やっぱりプロなんですかね。

上間　言葉に依拠しながら仕事をすべきだというトレーニングを受けてきたひとたちと、身体に直接働きかける仕事をしている方とはちょっとちがいますよね。

身体は自分のもの

信田　ある雑誌で、「私の仕事はカウンセリングだから、身体性を見ないようにしてる」

みたいなことを書いたんです。そうしたら、そこの編集者が、「そんなふうに思いません。信田さんの本を読むと身体性があって、言葉だけのひとじゃないと思います」とかメールをしてきて。何をお説教されてるんだろうと思って（笑）。私が書いたことが、冷たい人間だというふうに解釈されたんですよ。

身体って怖いじゃないですか、すごく。だから、あえて私は言葉優位で、言葉で仕事するって思うんです。そう書いたのが、読むひとが読むと、人間の身体性を無視したみたいに受けとられることもあるんだなって。

上間　身体を何度も侵入されている子が多いんですよ。だから教えないといけないのは、身体は自分のものだというか、そこは侵してはいけないものなんだと思うんです。たぶん、簡単に入っていくことができるんですよ。もし、私がそれをやろうと思ったら。

信田　キャバ嬢とか風俗嬢のスカウトマンが街でスカウトしますよね。なにか、嗅覚があるんですよ。それはたぶん、いま思ったんだけど、自分の身体が自分のものじゃないと思ってるひとがすぐわかるってことかしら？

上間　侵されることに鈍感な子はいます。私が近くにいても緊張感なくそこにいるというか。そういう子ほど、こっちが自制しておかないと。身体は大事だよって話もできなくなってしまうというか。

私も、調査の方を自死で亡くしているのですが、お会いしているときに、その子は触ってほしそうにしてるなってくらいの近さをかんじたんです。私はその日、膝掛けを渡してあげることで、彼女が自分であったかくできるようにしたんですよね。自分の身体の快楽を他人がコントロールするんじゃなくて、自分がしていくんだよっていうメッセージだったんですけど。

それは本人にとってみれば冷たい行為にも思えるだろうし。もっと侵入してきてほしいというのがあるとは思うんですけど。でも、何よりも侵入したら、暴力が発生するということを考えますよね。

信田　そうですね。そういう誘惑っていうんですかね、どんどん信田さん侵入してきてくださいっていう。ご本人はそんなふうに思ってないんですよ、誘惑だなんて。でも、私からすると、すごく危ないかんじがする。絶対それに乗っちゃいけないっていうので、綱引きがちょっとあるんですよ。

カウンセリングだと、それで去っていくひともいるの。そうは言わないけど、信田さんは冷たいって。自分の身体と外界、もしくは他者の身体との境界が絶えず曖昧で、だからこそ信頼するひとには入ってきてもらいたいし、ときには触ってほしいし、みたいな。放出してるのがちょっとわかったりするんですね。
私は絶対に、拒否するんです。冷たいかもしれないけど。自分の要求が拒否されたと思うときもあるだろうけど、そういうときどうしていいか私にはよくわからないですね。それを言語化して、あなたはこうですよねと言ったところで、彼女はそんなこと受けとめないだろうし。

上間　子どもを相手にしている支援系のところに、そういう失敗があるように私は思うんですね。実際に成長や発達というのは、ある時期身体接触がとても重要ですよね。その子が必要不可欠にしてるのはそれだからというような理由で、身体接触を正当化しようとするひとがいますよね。
だけど、虐待を受けている子どもを抱えている学級で、優れた教師たちが何をやってるか。自分がやらなくても、それをやれる子ども集団がつくれるんですよね。子ども同士で、アタッチメントを含みこみながらいっぱい遊べるというのかな。まず侵すべからず、が絶対に先です。たしかに発達のなかで必要なことはあるんだけど、支援者が代替しなくていい。少年期、ギャング・エイジ（仲間と徒党をくんであばれる時期）としてそれを体験できる場所をつくるのがプロです。

被虐待児がいる教室なんて、沖縄ではざらです。その子たちは、それこそ放出してますよね。触ってほしいって。でも、触ることで、境界線が曖昧になっていく。みんなで身体つかって遊んでおもしろい体験をしかけることができるのがプロの教師です。

信田　なるほど。大人でもできるかしら?

上間　すぐにセックスになるんじゃないですか、大人だと。身体の快楽ってすごく手っ取り早いですよ。楽しみのひとつにはなると思うんですけど。

見てると、ギャング・エイジ的なことをまったくしてない子のほうが、サッと身体の領域に行ってセックスしますね。そこに無数のグラデーションがあって、身体の使い方にはいろいろあって、それぞれに楽しさもあるみたいな体験がないときに体験は一気に飛ぶので。私は、もっと学校で身体使って遊ばせないといけないと思っています。暴力にさらされている子ほど、身体を使って安全に遊ぶ方法を知らないといけないなあと思います。

信田　なんていうのかな、受験勉強ばかりやって、中高一貫校で学歴的にはトップにあるひとが、やたらめったら、光源氏といえばかっこいいんだけど(笑)、やりまくる男性がいるんですよね。それをセックス依存なんて言うとあまりにも浅薄で、私はそうは言いたくないんだけど、ぜんぜん幸せそうじゃないの。

いまおっしゃるように、ギャング・エイジを経ずにいきなり大人になって、身体接触といったらセックスしかないみたいな。身体接触で終わらずに、人間関係に侵襲してきたり、そういうことに思いが及ばないようなひとがけっこういると思いますね。

聞きとりのあと

上間　信田さん、聞きとりが終わったあとはどうされるんですか？

信田　私たちはカルテとは言いませんが、相談記録は基本デジタル化しないで、手書きでつけています。スタッフ全員が個別で。統一したやり方はとっていません。

私は、次読んだときに思い出せるように、なんか書いてる（笑）。記録みたいにまとめて書くということはしないですね。フォーマット化してません。

上間　思い出せるように、何を書いてるんですか？

信田　あのね、今日だったら、「スタバ」とか。「きれいなチョコレート」「膝掛け」。キーワードというか、そのとき大事な言葉だなと思ったのをぱぱっと書いて。次回までにこれは課題かなということがあったら、それを書いて。

上間　私は、逐語《ちくご》でデータをとっていて、それをぜんぶ起こします。前は自分でやってましたけど、いまはぜんぶひとに頼んでいて。科研費いただいているので、トランスクリプトをつくるノウハウを持ってる方にお願いして、三日とか四日で仕上げてもらいます。それがひとつのまとまったデータで、今の調査だと、もうひとつが若年出産女性調査チームのＳＮＳというのがあります。

実査は私だけがやってるのですが、若年出産女性調査チームには、多彩なメンバーがいます。このグループ向けに調査の方にお会いした日に、ざっくりとインタビューの記録と流れを書きます。「何々中の子と、スタバＭ店で、何時に会いました」みたいな。本に記載している日時はこちらからひっぱっていますね。

同じように「こういうことがあって警察同行してます」みたいなときもあげています。そこを時系列見ればわかります。なので、書くときにそこをぜんぶたどって補填できるようにしています。

あと、階層本（『地元を生きる』）のメンバーですね。岸さん、打越さん、上原健太郎さん。困ったことがあったり、いいことがあったら必ずここにあげますね。ここは反応がとにかく早いしアドバイスが的確。そういう総合的な形で記録は残っていますが、まあ、ベースはトランスクリプトです。

信田　三日か四日であげてもらうんですね。

上間　そうです、そうです。すぐに見たいし、それを見ながら本人と話すので。

トランスクリプトの確認の仕方

上間　そのトランスクリプトを見てもらって、加工箇所は本人と決めてるんですよ。

信田　そこはすごいよね。

上間　とても手間だと思います。やっぱり、地域名でなくても、こういうふうにするというふうに加工過程を決めないと、怖い。身バレが一番怖いと私は思ってるので。

信田　そういうふうに逐語で起こされたものを読んだときの反応ってありますよね。それがすごい興味深い。

上間　ここが本人特定の可能性があるなあって箇所は、あらかじめ私がマーカーでチェックしていて。「ここ出るの、どう思う？」と確認するんですね。こういうふうに加工してほしいとか、加工なしでいいよとかを決めるのですが、トランスクリプトを宝物にするという方や、何度も読み返したという方もいますね。

ただ、中にはワンショットサーベイがいいというひともいるんです。持っていっても、「確認しないで大丈夫、信用してる」みたいな言い方をしますね。そういう子は、再帰的になりたくないということだと思います。何度もアタックするとうざがられるので、やらないですね。大きくいうとそういうふたつのパターンがあるかな。

コロナがあったので、去年の三月から今年度にかけては、業界で働いている子を中心に安否確認みたいなことをしていたのですが、それは前者のトランスクリプトを持って行ってくれる方々ですね。非正規雇用だったり、夜仕事でもあんまりいいお店で仕事してないなあという子たち、一五人くらい。その子たちには連絡をとるようにしていて、「困ってなーい？」とか「食べものあるー？」とか。

なにやっていましたっけね……商品券だ。その子たちの最寄りのお店の、かねひでとかイオンとか近くにあるところの商品券を用意して、「送るよー」って。ついでにお菓子や子ども服とかミルクとか紙おむつもセットにして送るのを、三回くらいやったんですね。

三回目終わって、職場復帰の時期に餓死まぬがれたなんて言ってきた子がいて。ほんとに、きついというのを言わないひとたちなので。「大丈夫？」と聞かれても、大丈夫としか言わない。商品券が送られてきたからついでに送ってあげたよーみたいな、ゆるやかな顔をしてつながっているなかでようやくわかる。

ちなみにワンショットでいいと言った子は、そういう連絡しても返事は来ないです。私に会うのは、人生で一回か二回こっきりって決めて来てるんだなあって。

トランスクリプトは、単純にテープ起こしです。ただ、ニュアンスの拾い方が上手だなあというひとはやっぱりいて、いま頼んでいる方は、すごくニュアンス拾うのがうまいんですね。

「どうしてこんなに拾うの上手なの？」と聞いてみたら、最初に音声をずっと流して、一回すべてを聞いていて、この日のストーリーはこういうことだな、みたいにしてるって。そっからデータを起こしてるって言ってました。

カウンセリングの場合、録音はしないですよね？

信田　ＮＧです。よほど何かの研究とか、クライエントに同意を得てやることはありますけど。ほぼそれはないです。終わったら、ダーッと自分で書き起こすひとがいますけどね。専門誌なんかだと、向こうの話した言葉が書かれていたりしますね、録音許可をもらって、逐語で起こして。

上間　この方の、この尋ね方だから、この話は出てきたんだろうなということがありますもんね。どのように聞いたらその言葉が出てくるんだろうって。

信田　それは、質問法として、なんとかの技法とかいうのがいっぱいあります。そういう専門書もありますが、部分的に切りとって使うことはないです。

そういうの、私は、興味がないんですね。自分の聞き方が技法的だと思ったこともないし、私の関心は、話されたことが私の記憶のなかで意味を持つんで。だから、あまり逐語で勉強したこともないし、するつもりもないっていう。

実は、事例検討会というのをいろんなところでやってるんですよ。行くと、かならず逐語で書いてあるんです。自分の言ったことは書かないですよ。クライエントの言ったことだけ、ザーッと書いてあるの。

こんなふざけたことあんのかっていつも思いますけどね。自分がなんか言ったからこのひとがこう言ったんだろうって。でも、そこまで書いてるのはないんですよ。ぜんぜんつまんなくて。

上間　なんで自分の台詞は書かないんですかね？

信田　神の視点だからですよ、自分が。それはやっぱり、専門家という権力構造のなかで書かれてるから。そんなの良くないですよね。

上間　性被害には別の教科書が必要だっていうお話があったと思うんですけど、やっぱり、加害の側もですし、被害の側もですし、傷つきの特殊性があって。そこをどう考えていくのかっていうことがあるんだなと思いました。

信田　虐待もＤＶも、加害は悪で、糾弾しなきゃいけないと。そういうなかで漏れ落ちてしまうものがすごく多くて。cakesで、写真家の幡野広志さんとＤＶについて対談したんですが、それの反応見てショック受けてるのは、日本ではＤＶの専門家と虐待の専門家にほとんど接触がないということをみなさん知らない。ＤＶというのがあんなに複雑な支配の構造からなってることもほとんど知らない。

ＤＶって凶悪なひとがバンバン殴ってるだけみたいな。一般のひとが知らないことってこんなにあるのかって。じゃあ、まだ私たちが話す意味はあるのかなって思ったりして。

上間　加害者側をどうやって議論していくのか、もちろん大事なんですけど、なかなか進まないですね。次回は信田さんのずっと手がけてらっしゃる加害者側と会いながら、そこから逃さないというやり方でやっていく手法を、できるだけ丁寧に整理できたらなと思います。

私には、「なんだこいつら」というのしかないし、手法もない。でも、そこをやらないことには、被害はなくならない。

信田　性犯罪者のプログラムも、もうちょっと知られるべきですよね。法務省がなんにも言わないから。一〇年以上やっていて、それなりに効果もあるのに。あまり口外しちゃいけないことになってるから。もっと公開すればいいと思いますけどね。

上間　困ってる現場が多いと思うんですよ。次はそのあたりのことを聞かせてください。

読書案内③

『環状島＝トラウマの地政学【新装版】』宮地尚子（信田）

性暴力やDVの被害者たちがどのように回復していくのか。どうして被害を言葉にするのが困難なのか。著者による回答の試みが込められた一冊である。今では有名になった環状島の図は、多くの被害者支援や苦しむ当事者にとって全体を俯瞰する助けになるだろう。また、被害者と支援者との関係をトラウマという視点から解明することができるはずだ。　（みすず書房、2018年）

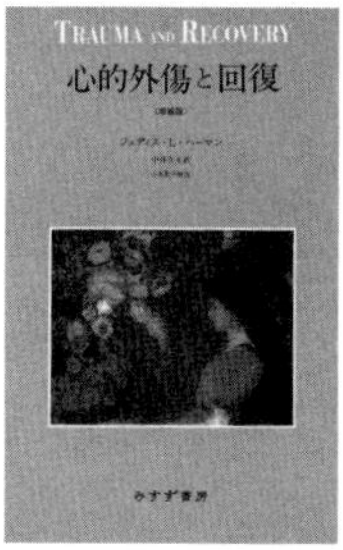

『心的外傷と回復【増補版】』ジュディス・L・ハーマン（上間）

殴打された女性、戦闘帰還兵、性的虐待をうけた子どもたち、あらゆるトラウマの諸相とその治療への方向性を具体的に示しながらも、やがて訪れる回復への道とその安らかな地平について描いた本です。この本はなによりも当事者に読まれましたし、当事者のそばにいようと決意したひとびとにも読まれました。いまだに色あせない、トラウマについてのバイブルだと思います。

（中井久夫訳、みすず書房、1999年）

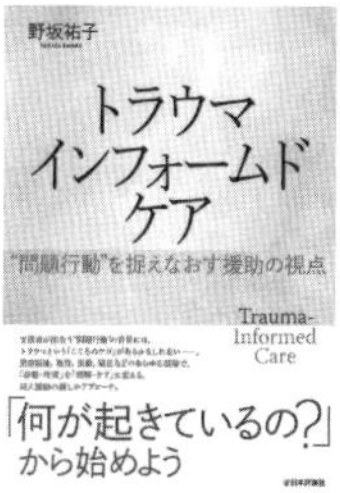

『トラウマインフォームドケア』野坂祐子（信田）

目の前で起きている多くの問題行動が、かつて経験した被害の影響を受けているとすれば、とらえ方や見方が変わってくる。自分や家族のさまざまな言動がトラウマの影響を受けているとすれば、やみくもに批判することは逆効果となるだろう。多くの援助者にとって、トラウマの視点はひとつの革命をもたらすはずだ。そのための基本を示した一冊である。　（日本評論社、2019年）

『トラウマによる解離からの回復』ジェニーナ・フィッシャー（上間）

EMDR国際協会のコンサルタントをつとめる著者の本です。トラウマがそのひとの身体や心になにをもたらすのかを解説しながらも、そうした反応自体が、そのひとの生きようという意思なのだという深い了解があります。トラウマによって断片化した「わたし」を「そのように生き延びてきたのだ」とそのひとが了解したときに訪れる回復への道が、豊富な臨床例とともに描かれています。

（浅井咲子訳、国書刊行会、2020年）

第4章

加害と被害の関係

二〇二一年三月一二日

被害者元年

信田　一九九五年はいろいろな点で分岐点になりました。二〇〇五年、当時京都文教大の先生だった坂上香さんに呼ばれて。大学の大きな講堂で『ライファーズ』の上映会があり、そのあとで私と坂上さん、森達也さんの三人のシンポが開かれました。

そのときのテーマはたしか加害と被害みたいな話だったと思うんですよ、森さんがオウムの話をして、私はＡＣ（アダルト・チルドレン）と阪神大震災の話をして。そうしたら、森さんが「九五年は被害者元年だよね」って言ったんですよ。そうよね、ほんとうに被害者元年ねって返した覚えがあるんだけど。

九五年には、スクールカウンセラー（ＳＣ）の全国配置を目指すという制度も発足しました。九四年、愛知県西尾市のいじめ自殺事件が大問題になって、メディアが大きく取り上げて、文科省も動き、河合隼雄のちからもあって、臨床心理士をスクールカウンセラーにしようということになりました。

これは、臨床心理士にとっては、経済的にもありがたいことだったんですよ。でも、それが臨床心理士の世界を……なんて言ったらいいんですかね、「宮殿に毒虫が一匹入る」みたいな感じで。つまり、これまでの臨床心理士のあり方を根底から変えるきつかけになったような。原宿カウンセリングセンターを設立したのも九五年でした。もうひとつは、トラウマという言葉が日本で共有されるようになったということですよね。阪神淡路大震災のあと、朝日新聞の一面トップに、「心的外傷（ＰＴＳＤ）広範に」っていう見出しが載ったんです。そのとき、世の中変わったって思ったんですね。

いわゆる都市型の震災のせいもあるんでしょうけど、高速道路がひっくりかえった以上に、「心の傷」というのが前景化した震災だったんです。あれが日本の精神医療に一種の風穴をあけ、私たち心理士にとってもトラウマという言葉が共有される契機になったんですね。

「被害」というものが、司法の世界を超えて、精神医療や臨床心理の世界にも共有されるようになった。そういう意味で、森達也さんのおっしゃった「被害者元年」というのは複合的な意味を含んでるんですね。

上間　私、聞きたいです。「毒虫が一匹」っていうメタファーがよくわからなくて。

信田　わからないですよね……。一九八八年に臨床心理士という資格が誕生した際、フロイトとユングの代表的研究者である小此木啓吾と河合隼雄という東西の学者が協力したんです。精神分析的な理論を勉強するというのが、心理職の基本的なトレーニングだったんですね。

逆にいうと、心理士の仕事の基礎理論やトレーニングの体系は分析的なものしかなかったんです。その世界がSCの制度化によって、学校という現実の世界で何ができるかが問われることになった。現場でその有効性が試されることになったんです。

それは分析的なトレーニングを受けたひとにとって大きな試練になり、二〇〇〇年代にかけての変化へとつながっていきます。九五年当時それを自覚していたひとはいなかったでしょう、毒虫の怖さがわからなかったというか。

起源は七〇年代

信田　その背景は、七〇年代の大学闘争にまで行き着くんですよ。

東大闘争の安田講堂封鎖解除後、こんどは東大医学部の赤レンガ闘争が始まります。東大病院では、松沢病院という精神科病院から、ロボトミーの手術をした患者の脳を運んで研究していたんですよ。それが内部告発でわかって、医学部精神科の臺《うてな》弘という教授がやり玉にあがりました。「人体実験許すな」とそれが拡大し、医局制度への不満も加わって、東大精神科の自主管理体制が始まります。医学部闘争は、より過激だったんです。一九八〇年代末までそれが続いたんですよ。
東大医学部に鉄門講堂という立派な講堂がありますけど、あれは赤レンガを壊してつくったんです。そこで二〇〇四年に「べてるの家」の講演が行われたときに、東大の社会学者である市野川容孝さんが、「ここにはかつて何があったかご存知ですか？　患者を解放しろって闘争をし、専門家権力を糾弾した場所なんです。その場所にみなさんは座って、べてるの話を聞くんですよ」と開会のあいさつをしました。名演説でした。

闘争は臨床心理学にも及んで、当時は日本臨床心理学会が心理職の最大の学会でした。その学会も精神医学の影響を受けて、統合失調症者になぜ心理検査をするのか、無作法だという専門家権力への問いかけがされるようになったんです。

いろいろな集会では、統合失調症の女性本人が壇上にのぼり「私は〇〇という検査をされました。その検査の結果は私には知らされず、一時間以上拘束されて……それは何のためなんですか」とマイクを握り、それに拍手をするというのが良心的な心理職という雰囲気でした。

それと同時に動いていたのが、心理職を国家資格にしようという動きですね。具体的に案も出ていたんですが、国家権力の意を汲んだ資格にしてどうするんだと突き上げもあり、学会内部で揉めたんです。一九七一年の学会の名古屋大会は騒然としてい

て、私はその場に聴衆として参加していました。当時は慣れていたから「そうだ！　そうだ！」とかやってたら、

上間　（笑）

信田　そしたらね、会場から、一〇人くらいかな？　舞台に駆け上がってマイクを叩きつけて、電気を割って、学会粉砕とか言って一種の暴動になったんですよ。会場のみんなは身を守るために逃げて、私も振り返りながら逃げて（笑）。結局それで日本臨床心理学会は理事たちがみんな辞任して、事実上崩壊したんです。

それからは冬の時代で、私たちはさまよえるパリサイ人みたいになってほぼ一〇年。一九八二年、すでに述べたように河合隼雄と小此木啓吾が西と東から、心理職の学会が必要だということで大同団結して、日本心理臨床学会をつくったんですよ。名前をひっくりかえしたんですね。

今では学会員三万人超の巨大学会です。そこから日本臨床心理士資格認定協会という民間団体をつくって、臨床心理士の資格が八八年にできたというわけです。

だから、なぜ心理臨床学会が心の問題にフォーカスしてきたかを考えると、あのときのトラウマがあるんじゃないかと思うんです。社会とか政治とか、様々な運動とは、

一線を画す。いわば内向きの学会にならざるを得なかった。
ところが、私に言わせれば、内向きの学会でよかったのが、スクールカウンセラーでそうはいかなくなった。それも学校という伏魔殿に初めて入っていくことになった。

上間　そうですね、ほんとそうですね。

信田　学校に、週一回だけ、分析的な素養しかない臨床心理士が入っていっても、何もできなかったんですよ、はっきり言って。学校側も、文科省が言うから入れたけど、このひとたち何ができるの、みたいな。
最初は大学の先生も行きましたよ。でも、そのうち非常勤で収入の少ない臨床心理士が行くようになって、悪戦苦闘して。自分が勉強したことがちっとも役立たないということがだんだんわかってきて、変化を強いられて今にいたるのではないかと。

上間　それによって、日本心理臨床学会は変わっていったんですか？　学校という、動かない組織といいますか、人権も何もないようなところで。

信田　学会自体も、ＳＣのひとたちの経験をとりいれて、いろいろ言うことが変わってきています。私たちはコーディネートが役割ですなんて言い出しちゃって。何言ってんですかって言いたいですね。やはり組織の中には既得権益を守るひとたちがいまだにいるということでしょう。

二〇一八年に国家資格である公認心理師ができたわけですが、臨床心理士との関係については微妙なままですから。国家資格は身分の保証というプラスと同時に、国家権力の手先になるっていうことです、言葉が激しいけど（笑）。

上間　この学会に対して信田さんは距離をとってるんですか？

信田　いや、私は理事をやったこともあるんですよ。こうもりって言われるけど、そのなかでできることはする。もし私が五〇年若くて選挙に出るなんてことがあったら、与党に入るかもしれないですね。

上間　なぜそこに政治権力が集まるかがまだよくわからなくて。学会員三万人と言われれば、ものすごい勢力というのはわかります。そこになぜ政治家が入ってくるのか？

信田　私がずっと思っているのは、心理職って接着剤なんですよね。新しいことをやるときに、必ず社会にヒビが入るんです。その接着剤に心理職が使われる。たとえば学校で殺傷事件が起きたとすると、心のケアと言われますよね。たしかに大事な仕事なんだけど、自殺や殺傷事件の背後にある社会的背景を見えなくする役割も果たしてしまうというか。その危険性を考えながらやらないといけない。結果として生じた生徒たちのトラウマのケアは不可欠ですが、何よりまず週一回という回数を増やして常勤化することが先決でしょう。そのうえでSCのアイデンティティを確立しないと、都合よく使われるだけになってしまう。

仲間は当事者

上間　信田さんのお仕事では、ことがらの背後にある政治性をずっとおっしゃっていますよね。目の前のその方の抱えている問題にフォーカシングしていて、一足飛びには構造の問題を指摘しないのだけど、なぜそれが発生しているのかという構造の側面は外さない。

そういった意味で、私は臨床心理士に対しての信用があるんですね。それがどこから来てるかといえば、信田さんからなんです。でもそれは、一般的ではない？

信田　そんなに貢献してるの？　うれしいですが、一般的ではないです。外部のひとにはわからないけど、東畑開人さんが書いた「私は信田さよ子を知らなかった」（カドブン、二〇二一）が事実です。だれも仲間はいなかった。
私の仲間は当事者ですね。カウンセリングやグループでお会いするクライエントや、さまざまな当事者が、私をもっともよく理解してくれるし、そのひとたちのために仕事をしてると思ってる。同じ心理職のひとに、上間さんが、その背後に信田さんがいるから信頼できるというなら、同業者からお金でももらいたい（笑）。だって、心理職は、ジェンダーなんて言わないですよ。

上間　あ、そうですね。

信田　二〇二〇年の日本心理臨床学会のテーマが、「女性性について考える」ですよ。男性性をなぜ持ってこないのか？　なぜ女性だけを、と疑問に思って。ジェンダーとかフェミニズムがテーマになっているならまだしも。ほんとに全然食指が動かなくて。
上間さんは、そういう孤立感ないですか？

上間　あんまり、ないかな。出してる本は、学会的にはぜんぜん評価されないんですけど。

アカデミックなところにおける貧困層を書くスタンスへの違和が、おそらく貧困研究者たちや私にはあるんです。アンダークラス論といって、貧困層をとりあげて精緻化して書いていった結果、やっぱりやつらは変わんねーみたいな。そこにある理屈とか合理性がうまく書けなかったというのがあるんですね。

　もちろん、その選択の磁場について描いているいくつかの優れた研究があり、私もそうしたものにならう必要があると思っています。私は、岸政彦さんの生活史のスタイルを真似して書いています。

　でも、学会の評価はまったくないんだけれども、信田さんみたいに、自分のもとを訪れる方たちのために、と言い切れるだけのものもないですね。何に支えられてるんだろう。岸さんたち研究グループは信用していますけど、うーん。

　しいて言えば沖縄で動いている支援系の女性たちですかね。顔のみえる高校の友人たちが沖縄の行政やマスコミや医療で働いているので、『裸足で逃げる』を書いているときには読者として彼女たちの顔が浮かんでいました。一緒にやろう、というような気持ちでした。

学校現場の変化

上間　スクールカウンセラーの話をすると、私の専門である生活指導の領域では、九〇年代、「心の時代」というのがすごく言われたんですね。「カウンセリング・マインドで」という言葉がつくられて、カウンセラーがお話を聞くようなかたちで、子どもの悩みの背後にあるものを考えましょうみたいなことが大流行して、文科省もそれをやっていました。ただ、いくらそう言っても、学校がそれをすると、おとなしい子も大きな問題を抱えています。それを早期に発見して指導しましょうみたいなかたちで、学校現場バージョンになっていったんです。

初回で話したゼロ・トレランスが導入されたときですね。自分の母親をバットで殴って殺してしまった子がいて、彼が自転車で逃げていくのをずっと追跡されて。それと、二〇〇〇年の西鉄バスジャック事件というので、掲示板に予告があって、メディアがそれを報道することがありました。この二つがあったあとに、生活指導領域では、「心の時代」と言わなくなったんですよね。

そのあと、教員も管理職も一致団結して、みんな一律で同じように指導をしようということになったんです。最初に約束事を決めて、それを守らなかった子どもをどう処罰するか。心の時代のときにも、結局は予防のためといいながら監視のまなざしをはりめぐらせるような指導論になってしまっていたので、危うかったことはたくさんありました。ただ、そのあと、もっとタカ派にぶれたというか。

たとえば大きな事件とかいじめ事件があったときに私たちは専門委員会として調査に入りますが、それでも構造的な問題をなかなか話しづらい。学校現場は、その子だけを抽出するんですよね。関係の網の目で起きている事柄なのに、その子を抽出して、家庭環境だったり、その子が怒りを制御できないのはなぜなのか、発達障害だとか、愛着障害といった言葉を使いながら個別に働きかけていく作用が強いんですね。

沖縄はとくに貧困問題で、スクールカウンセラーをどう入れるかという話がされています。自治体によって危機感が違いますね。学校訪問の頻度、担当校のわりふりに違いがあります。

信田　たしかに、いろいろな意味にとれますね。臨床心理士は民間資格なので、ある意味でスクールカウンセラーとしては望ましいかもしれません。国家資格になるといろいろな制限もかかるでしょうし。

それとは別にスクールソーシャルワーカーというのもあるんですよ。山下英三郎さんたちが一九八六年からがんばって活動されてきました。検索すれば双方の役割の違いなどが列挙されていますが、現場ではソーシャルワーカーとカウンセラーは何が違うのかという認識はあまりないのではないでしょうか。両者がそれで連携しているのかどうかもよくわかりません。地方自治体によっては、スクールソーシャルワーカーを多く採用しているところもあります。

発足時の報酬は、校医を参考にしたり、大学の先生が、同じ時間だけ大学で講義した場合の金額などを考慮して決められたので、かなりの高額だったんですね。掛け持ちすればなんとか食べていけるくらいの金額だったと思います。おそらく日本臨床心理士会としても、医師と同等の専門職であることを強調して、文科省と交渉したんだろうと思います。

当時の心理職が、専門性を評価されて高い報酬を得られることになったのは画期的だったんです。当時は週一回だったとしても、いずれ常勤化されることも期待していたんでしょうね。残念ながら、それから二五年たった今では、時給も下がり、公立校では全校配置がおぼつかないところもあります。文科省の制度だけの問題ではなく、従来の臨床心理士養成のシステムやカリキュラムの問題もあったのではないでしょうか。現場で役に立つという評価を得られなければ、後退の一途をたどるしかないでしょうし。

『明日、学校へ行きたくない』（二〇二一）という本で茂木健一郎さん、山崎聡一郎さんと鼎談した際に、山崎さんが小学校時代の大変ないじめ経験を話されたんですね。

「スクールカウンセラーに相談しなかったんですか？」と尋ねたら、山崎さんが「え？」って。

いまから一五年くらい前ですから、スクールカウンセラー制度が発足して一〇年くらい経ってます。おまけにその小学校は首都圏でしたから、それなりにスクールカウンセラー制度は浸透していたはずです。でも存在を認知されてなかったし、まして相談するなんて思いつかなかったと。

それはすごく残念に思いましたし、生徒が自分から進んで、特別な部屋に相談に行くのはどうかと思いました。そういうあり方でいいのかなって。

上間　悩んでる子たち、ある特別な部屋に行くのがきついですね。見られたりしたときに、どういうことを言われるのかよくわかってるので。そこですよね、どう近づいていくか。子どもの側に寄せていって会っていくか。

信田　たぶん学校側も、そこに居てくれって言うと思うんですよ。外部の人間を初めて入れたわけだから。ここの部屋でおとなしくしててください、みたいな。

信田　生徒にとっても、ここで本当のことを話せるのか、背後で先生とつるんでるんじゃないかと思いますよね。最近では、親面接というのも増えています。子どものことで困っている親が学校に相談に行くとか。また家庭を訪問という活動も加わっているようです。毒虫が臨床心理士の機動性や柔軟性を作り出したとも言えますね。

あまりいいことではないですが、ハーグ条約（国際的な子の奪取の民事上の側面に関する条約）の影響もあって。子どもとの面会交流をめぐる親の対立や紛争の際に、子どもが通う学校のスクールカウンセラーが、立会のもとで面会交流を実施することも増えています。

上間　ひどくないですか？

信田　そう思いますね、特にＤＶの問題は、家庭裁判所の方向性と、ＤＶ被害者である母の方向性がけっこう大きく食い違うんです。そこにスクールカウンセラー使うって発想が出てくるのが、「らしいな」と思った。

公認心理師という国家資格は、どういう論理で政策に反論するのかと思います。外務省としても、使える存在として臨床心理士や公認心理師が見えたと思うんですね。研修としてハーグ条約の勉強会やったりするんですよ。

私、そのことにも文句言っててね、ハーグ条約を締結してる国は多いけど、それの危険性というのは今日どう考えるんですかって言ったんですよ。外務省から要請があったらすぐ協力する、それは心理の活躍の場が増えるから、なんていうのは、あまりにもDVのことを知らなさすぎると思うんですよ。そこまで考えている臨床心理士のひとが少なかったとしたら、ちょっとは貢献したかな（笑）。

上間　国家資格になると、国のマッチョな威信とかそういうもののほうに寄っていくということなんですかね。

信田　そうするかどうかは、今後の私たちの動きにかかわっていますね。

実は私も含めて多くの心理職は、喉から手が出るくらい国家資格が欲しかったんです。医療でいえば、医師はもちろん、看護師もソーシャルワーカーも、他の職種は全部国家資格なんですから、自分たちだけ取り残されていると思っていたんです。

でも国家資格を目指す交渉の過程で、こちら側が提起した条件は削られ削られ。ぜんぶ精神科医の団体による反対ですよ。精神科医は個人としてはお友だちも多いし、尊敬していますよ。だけど、ひとつの職業として利益団体になったときのあの恐ろしさ。ヒエラルキーのなかで、自分と同等のものをつくらないというポリシーが貫徹してますね。薬学部だって六年ですけど、高度な勉強をして薬剤師になるのに、あの待遇ですよ。

上間　医師は、決してそのヒエラルキーを崩さないわけですね。

信田　臨床心理士は大学院修了が必須の条件ですからね、それを国家資格にする際にどうするか。精神医療側、つまり厚労省は、大学卒（四大卒）でいいじゃないかと言ったんですよ。要は医学部修了年数である六年間勉強するような存在は精神科医療ではいらないということです。

心理側としては、それは絶対譲れないわけですね、高度な専門性のためには六年間というのは不可欠だと。その点をめぐってかれこれ一〇年くらいすったもんだして、結局「大学院修了に準ずる経験」として妥協したんですね。内部の反対は多かったし、そんな内容で国家資格を得たらどうなってしまうんだ、という意見も多く、日本臨床心理士会の理事会内部はバラバラになったし、会議では怒号が飛び交ったし。

上間　信田さん、百戦錬磨ですね！

信田　もうひとつ槍玉にあがったのは、開業です。私たちみたいな業態ですよね。つまり、精神科のクリニックと同じように街中で開業するのはいかがなものか、と。

　だから、いまだに公的には開業って言えないんです。私個人の著作には書きますけどね、学会誌、学術誌の論文などでは、臨床心理士会内部では「私設心理臨床」と言うんですよ。フロイトが開業したときに使ったプライベートプラクティスという表現を、後生大事に一〇〇年以上守ってるんですよ。

　つまり、精神科クリニックの立場からすれば、医者でもないのにお店を出すなんて、自分たちの市場を荒らす存在と思えたんじゃないでしょうか。この対談でも話してきたように、精神科クリニックの保険診療の実態がある種の限界を抱えていることは、医師自身が知ってると思うんですよ。その危機感が、心理が国家資格を得て開業することへの惧《おそ》れ、警戒感になったのではないかと。

　こう言ってますが、私、一貫して国家資格推進派だったんです。だって、多くの若い臨床心理士が食べられないわけですよ。臨床心理士の平均年収知ってます？　三〇〇万ですよ。五〇〇万超えるなんて一握り、あれだけ勉強して訓練しても。国家資格になれば少しでも安定性が増し、ある種の権威付けができるとすれば、妥協してもいいかなって思っていたんですね。
そしたら国家資格化反対派のひとたちが、「信田さん、開業でしょう？　こんな資格ができてしまったら大変になるんじゃないですか？」と、言うんですよ。親切めいて何言うんだと思いましたが、にこやかに、「ご心配おかけしてすみません！　でも、全然大丈夫なんです。私たち、どんなふうになってもやっていけますから。ありがとうございます」って。

上間　信田さん、すごい。ほんとにすごい。

信田　生き抜いてきたスキルはいっぱいあるので。

上間　はー、すごい。ネクタイ褒めてるだけじゃないんですね（笑）。かっこいい。こういうこと、むかつかないんですか？

信田　むかつくけどね。でも、精神科医との難しい関係なんて、二〇年以上かけてクリアしてきたんで今さらだし。医療の傘下に入ったらその権力関係を前提としてなきゃなりませんから。

でも私はちがうことをしようと思っていたし、医療では決して掬《すく》い上げられないようなひとを対象にしてるという自信もあるので、そういうことが言えたんですよね。

被害者の両義性

上間　さきほど、七〇年代のお話のところで、当事者のことを「本人」と呼んでいました。

信田　私が解説する立場にあるかどうかは置いといて、私が最初に当事者という言葉を使ったのは、二〇〇一年に医学書院から出した『ＤＶと虐待』という本でした。

ずっとアルコール依存症にかかわってきましたが、その方たちは自分は依存症じゃないと思ってるわけです。絶対依存症だって医者も家族も言うのに。本人は、「違いますよ、僕はいい酒飲みですよ」と言ってるわけですよ。

そうすると、「本人」というのは他者から与えられる言葉なんですね。専門家はそのひとを依存症本人と名付けるし、家族もそう。でも本人は「いい酒飲み本人」もしくは「肝機能障害を抱える本人」って思ってるんですよ。

これをなんて呼んだらいいか、とずっと考えていました。ある意味他者が名づけることの暴力性も感じますから。九〇年代の終わりに、ああ、これってＤＶも同じだと思ったんですよ。繰り返し書いてますが、殴られてる女性が全員DV被害者だなんて思ってないですよ。まして殴ってる側は、加害者だなんて思ってない。それがDVなんだと、つまり当事者性の有無で書こうと思ったんですね。

だから、殴られているひとはどうやって当事者性を獲得してDV被害者という自己定義に至るのか。殴る側が加害者という当事者性を獲得するにはもっと険しい道がある、と書いた覚えがあるんです。そのときに「当事者性」という言葉を使いました。

九九年とか二〇〇〇年のことですが、上野千鶴子さんと東大からタクシーで一緒に帰るとき、「信田さん、今度『当事者主権』っていう本を書くんだけど、対談相手、だれがいいと思う？」って言ったんですよ。それが上野さんと中西正司さんとの岩波新書につながってます。あの場合は身体障害を前提としていましたが、精神障害だったらどうでしょう。とても論争喚起的というか、難しいでしょう。DV被害者の当事者性の問題もからんでくるし。

このように二一世紀の初頭から、当事者という言葉がいろんなところで出てきた。そのころにべてるが当事者研究を始めたんですよ。向谷地生良さんは最初は、「自分研究」とか「自己研究」って言ってたと思います。それを当事者研究と言い始めたのが二〇〇三年くらいでした。

DVや虐待の支援現場では、いまもあまり「当事者」という言葉は使われてないですよ。異様なくらい使ってない。


上間　腑に落ちないんですよね、被害者という言い方で自己定義することは。たとえば被害者って両義的だなと思うのは、なぜ殴られたかという話をよく聞くんですけど、「自分があおった」って言い方をするんですよ、被害者自身が。

　この前お話しした、私がインタビューしていた男性は、自分の元妻が、元妻なので誰か別の男性と付き合っても全然いいはずだけど、浮気をしたっていう理由で殴っているんです。それ、浮気という言葉がまず矛盾しているというところから始まる話なんですけど。浮気をしたと思い込んで、ボコボコに殴ってるんですけど、そのときに妻が「あおった」。

　実際に元妻にも会ったんですけど、たしかに彼女が誘発したなという感じがあったんですね。ここで殴られて警察にぶちこんで元夫が拘留されれば、ものすごく有利にいろんなことが動かせるわけですよね。

　たとえばそういうものを含めて、どう名付けていいのかちょっとわからない。かといって、書くのは危ういとも思うんです。その現場のことを書くのはとても難しい。

信田　まさに、いま上間さんが言ったようなことがゴロゴロしていますよ。cakesで幡野さんと話していて、全体のごくわずかしか載ってないですが、反響がすごかったんです。おまけにＳＮＳでなんとも言えない絡まれ方をして。

警察庁の把握するＤＶ被害者の性別は、男性が二五パーセント、女性が七五パーセントです（二〇二一年三月発表）。原宿カウンセリングセンターでも、相談件数で言うと、妻からの暴力を訴える男性は多いの。彼らは、カウンセリングで妻の暴力が怖くて家に帰れないと言いますね。そういう現実はよく知ってるけど、やっぱり上間さんと同じで、それをどう書くかは躊躇するというか。非常にポリティカルな判断が必要になる。

そもそも男女間に加害／被害という司法的判断がなかった八〇年代から、九五年の被害者元年を経てどーっと加害／被害が入ってきて、それを「ＤＶ防止法」として制度化したのが二〇〇一年だったわけでしょう。それに続けて、ハラスメントとかさまざまな防止法ができて、いわゆる官製の加害／被害が席巻したんですね。その背後には、欧米企業をはじめとしたＰＣ的なポリシーというか、そういうものがありました。

私の息子が二〇一一年からロンドンで勤務してたんで、ときどき遊びに行ってたんですよ。駐英の日系企業は、人種差別はしてはいけない、性別による差別はもっといけない、そして宗教、性的指向、妊娠、年齢、障害など計七つの差別が認められたら即刻クビ。ロンドンに支店を置く以上は、そういう基準に準拠しないといけない。

トヨタのアメリカ支社でのセクハラ事件もありましたね。莫大な損害賠償（一億九〇〇〇万ドル）請求されたりしたでしょう。海外からの影響によって、大企業ほどこのような差別には非常に敏感にならざるを得なくなっていると思いますよ。

加害／被害という日本社会の足元からの問題と、世界の潮流による上からのＰＣ的な加害／被害がドッキングしていますが、日本ではいまだに、されるほうが悪い、油断があった、あおったみたいな見方が支配的です。痴漢防止だって、被害に遭わないための心得がポスターに張られてますし、どうしてする側へのメッセージじゃないんでしょう。

それに、ＤＶのような家族や親密圏における加害／被害の場合は、もっと根強くて、自分のほうが悪い、自分が挑発した、と考えがちです。

ただ上間さんが例にとられた女性の場合は、ある種の女性の側の力の行使みたいですね。誰だって殴られて黙っていたくはないですよ。彼女たちなりに彼らに復讐や反抗しますよね。言葉だったり、あおりだったり、警察呼んだり。緻密に見れば、単純な加害／被害に回収されないことはその通りだと思います。

私の実施しているＤＶ被害者のグループカウンセリングでは、加害／被害と明快に二分するところから始めることにしていますが、上間さんのような個別のインタビューの場合は、そのあたりの微妙な割り切れなさは残るでしょうね。なんていうか、被害者の能動性とでもいえるようなものでしょう。
　突破口としては、ジェンダー平等指数の一二〇位（二〇二一年）というのをいつも根拠にしています。これだけ社会の隅々まで不平等が貫徹してるなかで、男女間や家族だけが平等であるはずがない。だからこそ、女性のあおるような発言も含めてね、どういう背景にせよ、殴られたり罵倒されたりお金を制限されたりするのは暴力だという説明をしていますね。それくらいしか正当化できないかな。

上間　どんなときにも、暴力は、ダメだからダメだという話を貫いていくという。

信田　加害者プログラムでも、時間経過を書いて、できごとと感情、行為と影響を分けるんです。暴力のきっかけになったできごとを聞くと、妻があおったりしてるんですよ。あんたが年収三億なら私も我慢するけど、たかが五〇〇万で威張るんじゃねえ、とか。殴ってるほうは、ほんとうに傷ついてるわけですよ。「ねえ、わかるでしょ、DVは妻のほうじゃないですか」と言われたりするんですよ。そういうときは、きっかけとなったできごとがどんなことであろうと、行為と分割する。
　いかなることがあろうと、暴力という行為をふるったほうが加害であると。これは世界中の加害者プログラム共通の原則ですね。だからどんなにあおられても、暴力ふるったほうが加害者になるんですよ。

暴力をなくす練習

上間　関連しながらも少し違う話になるのですが、暴力は絶対的にいけないからこそ、子どもたちが試行錯誤する場所も必要だなと思っているんです。

どういうことかというと、ある暴力をふるう子が先生に叱責されたあとに、友だちの机を蹴飛ばしたりするんですよね。「なに怖い顔してるばー」みたいなこと言われて、カーッとなって机を蹴る。それがまた先生に怒られて、暴力はいけないでしょうと叱責される。そういうのが澱《おり》のように積み重なって、あいつは暴力をふるう悪いやつっていうスティグマというかラベリングがなされる。でも、暴力をほんとうになくすためにどうすればいいかを考えたときに、どれをどうやってなくすかは試行錯誤しないといけないですよね。

風俗の調査があまりにもしんどい時期に、好きで半年間通っていた教室があるんです。そのクラスに、暴力をふるうという理由で、幼稚園のときに学童保育をやめさせられた男の子がいて。この子が来ると、ほかの子が怯えるから来ないでって学童をクビになった。その子には、すごい暴力があるんですね。友だちポカポカ殴っちゃうし、ガンガン蹴っちゃうし。

まず、担任の先生がやってたのは、暴力をふるわないで、楽しいっていう時間をいっぱいつくる。みんなと楽しい時間をつくるのが先で、それやってるうちに、暴力によって楽しい時間を破壊するとつまらないという認知をつくる。暴力を咎めることが先ではなく、この子が暴力をふるわない時間を体験することのほうが先だったんです。

そんな日々を送っているなかで、この子が暴力をふるったあとで泣いてるときに、本当は暴力をなくしたい、やりたくないという話が出てきたんです。先生は、暴力をなくす方法を一緒に考えようって。何回やぶったとしても、何回でも約束するから大丈夫だよって。

この子が壁を蹴ったりするようになったとき、先生は褒めたんです。ひとを蹴らなくなったねーって。今日の暴力は何回だったか。一五回だったのが五回になったら、目標達成できてきたよね、みたいな形で変化をきちんとみていたんです。そしたらその子が一二月には暴力をふるわない子になって、悔しかったり、悲しかったりするとみんなの前でさめざめと泣く子になっていったんです、暴力ではなく。

この話で何が言いたいかというと、学童期というんですかね、ほんとうに暴力をなくすためには、それをなくすための練習をしないといけないんだなって。

私はそれが教育の一番おもしろいところだと思ってるんですけど、発達という名のもとに可変性みたいなことをあらかじめ含み込んでいるというか。暴力をふるったらダメと排除された結果、どんどん悪い子になってしまうというのが一方にあり。で、一方には、安心して暮らせる場所をつくったうえで、あなたがいたいのは、暴力の世界なのか、それともこちらのほうにある平和に住まう世界なのかという切り込んでいくやり方があり。そういうふうにして、暴力をふるわないでもひとといられる楽しさがわかっていけたら、暴力はなくなる。そういう試行錯誤をする場所が必要だなと思います。

　私が調査で会ったときの男の子たちというのはもう成人していて、自分の傷つきを傷つきのまま抱えて、今度はその傷つきを他者に向けてしまうひとになって現れます。なんとかそこを変えないといけないなあと思うんですけど。難しいところですよね。

信田　難しいですね。こんなにゼロ・トレランスとか加害／被害が日本に広まるまえは、むしろそういうのってすらすら書けたかもしれない。加害者という批判を含意した言葉が広がる前は、むしろみんな被害者でしたから。

　先生の話もいいですね。さめざめ泣くようになった子とか。子どもには可塑性があって、だからこそ練習が必要だというお話はまさにその通りだと思うし、壁を殴ったら本人の手が痛いけど、友だち殴るよりいいもんね。

加害者プログラムの順番

信田　二〇〇三年からＤＶの加害者プログラムに関わっていますが、韓国やアメリカ、カナダではＤＶで通報されると、とにかく警察が逮捕します。拘留されて裁判にかけられ（カナダではＤＶ専門の裁判所法廷がいくつもあります）、実刑かＤＶ加害者更生プログラム参加かの判決が出されます。

日本と決定的に違うことは、裁判所命令でプログラムに参加することです。それを拒んだり条件を守らなかったりすると、家庭裁判所に戻されちゃう。プログラム参加者はいわゆる日本での保護観察中なんですね。

カナダではＤＶ加害者更生プログラムを実施している団体はたくさんあり、参加者数に応じて公的資金が投入されます。それでスタッフを雇用しています。グループを参与観察しましたが、いわゆる官製の加害者プログラムですから、基準に沿って作成され実施されていますので、ある種の硬直化も感じましたね。

でも、すごいのは毎年効果を測定しているんです。いわゆる暴力の再発があったかどうかがデータベース化されて、どのようなプログラム内容が再発防止に効果があるかが判定されるんです。内容的には性犯罪者処遇プログラムとＤＶの加害者更生プログラムは内容が半分くらい共通してるんですね。

　いわゆる加害者のプログラムって、結果がすぐわかるんですよ。再犯するかどうかだから。とくにカナダは連邦制なので、プリンスエドワード島からヴィクトリアまで共通のデータベースがあるんですね。州ごとに異なるアメリカと比べると、違いは歴然です。政府は、毎年再犯率を測定して、プログラムの効果検証を行います。

　そこでメインになるのは心理学者ですね。膨大な予算を投入された心理学者たちが、プログラムの効果検証をし、新たにプログラムを更新するという体制は、日本は足元にも及びません。日本の刑務所で実施されている性犯罪者処遇プログラムは、カナダで実施されているものを踏襲したものですから。

　ＤＶ加害者プログラムは、被害者を出してはいけないのですから、ゼロ・トレランスの世界です。だから、どんな理由があろうと、その行為によって罰せられる。そのときに、「あなたも大変でしたね、奥さんの言葉に耐えてきたんですね」とはならないんですよ。まず最初に、暴力とは何かから始める。毅然とした態度で私たちはやっていかないといけないんですよね。

　しかし、ひとつ例外があって、私たちが実施している全一八回のプログラムの中には子どもへの影響について学ぶ回があるんですよ。これには二つの側面があって、自分のＤＶが子どもにどんな影響を与えたか、面前ＤＶが子どもにとっては心理的虐待だという点、もうひとつは自分が原家族においてどんな被害を受けてきたかを振り返るという点です。後者は、自分の被害者性を語ることにもつながります。

この点は、加害者プログラムの中でも例外的だと思います。この被害者性の中には、上間さんが述べていらっしゃるような、自分の父親からの虐待被害、あるいは父から母へのＤＶに晒されてきたという面前ＤＶ被害の両方あるんです。びっくりしたのは、かれらに面前ＤＶが多かったということですね。

ここで被害者性という言葉がすごく大事だと思うのは、かれらは父の行為がＤＶだとなかなか思わないし、自分が心理的虐待の被害を受けたとは思っていないんです。むしろ、母親が父親を挑発した、あおられた親父もかわいそうだと。だから、同じ男として親父といまは酒を飲んだりするし。父と息子のホモソーシャルな世界とドッキングしてるんです。

上間　なるほど！

信田　だいたい、身長が自分と同じかちょっと自分より高くなると、父親は暴力ふるわなくなるでしょ、すごくはっきりしてますよね。動物の世界みたい。腕力でかなわないと思ったら、息子に従うからね。一緒にキャバクラ行ったりするんですよ。二人で母親の悪口言ったりするの。

　だから、もう一回、お父さんからの行為は虐待だったし、あなたも被害を受けてきたってことを、勉強していただかないといけないんですね。それで変わるかというと、変わりますね。こういうときに私は、被害っていう言葉が活きるなと思うんです。この言葉がなければ、かれらはそんな視点を持てなかった。そうするとね、妻の被害もわかるようになる。

上間　順番は、どちらが先なんですか？　自分の被害者性に気づくことと、妻への加害性に気づくことと。

信田　上間さん、痛いところつくよね！　本来は、妻への加害性に先に気づかないといけないの。

　だけどね、私の個人的な経験でいえば、自分が原家族で受けてきたことを被害だと思うことで、妻の被害が腑に落ちると思うんですよ。ただね、ものすごい時間かかるの。だから待てないわけ。ＤＶ加害者の多くはパートナーと同居してますから。

　カナダのプログラムはよくできていて、被害者性を扱うのは最後のほうなんですよ。最初に扱うと、暴力が再発しちゃうの。おれ、こんなに大変な思いして生きてきて、何やってるんだろうってなっちゃう。

再発したら、プログラムの意味ないでしょう。だから、すごく用心深くかれらの被害者性は扱わないといけない。このことを知らないひとが加害者プログラムにかかわるのは、むしろ危険じゃないかと思う。

上間　なぜ先に暴力を定義するのかなと思っていたんですけど、腑に落ちますね。

加害者の書きづらさ

上間　調査における加害者の書きづらさでもあると思います。私は調査をしているのであって、その指導をしているわけではないので、暴力はいけないということは問わないんですよね。むしろ、加害者プログラムをものすごく薄めたようなかたちで、かれらの生育歴を聞いていくなかで、かれらの被害者性は見るわけです。

ただ、それをかれらが引き受けるかはまったく別問題で、やっているのは調査として見えるようにするということです。ただ、今度はそれを書くことで、かれらを正当化する話になってしまいますよね。だから本当に難しくて。いま、それを書く手法がないなあという感じを持っています。

信田　けっこうね、このへんのことってどこでも語られてないんですよ。被害者性を強調することが、彼らの加害責任を免責・免罪してしまうかもしれないという。この微妙で危ういバランスをどのように扱うのか、綱渡り的なところがありますね。

上間　『海をあげる』に出てきた和樹とは、ワンショットサーベイで会ってもらったんですよ。いま、彼そのものと接触もないです。新宿で会って、話を聞いて、和樹のことをいつか書くねという約束で終わってます。

ただ、コミュニティから彼の噂は聞きます。彼が援助交際させていた春菜とはつながってるので、春菜からは、「東京で、和樹と会ったでしょう」と言われました。和樹の地元では、私が新宿まで会いに行ったという話は回っているみたいです。

ときどき、一回こっきりだけなら、自分の話をしてもいいよという方はいるんです。そのうちの一人ですね、和樹は。二度と会わないかもしれないのですが、でも、沖縄に帰ってきたら、私の耳には入るんですよ（笑）。

信田　すごいね、なんで入るの（笑）。

上間

コミュニティに出入りする調査だからでしょうね。地元を共有している別の方の、子どものお祝いごとや誕生日に声をかけてもらったりしているので。

信田さんがおっしゃっていた、お父さんと身長が並んだり超えたりした時期に和解する、というのはそのとおりで、和樹は自分を殴っていたお父さんのことをかばう。父親をかばうときに、母親のことを悪く言って、二人がつながる、そういう構図なんですよね。これは、ひろく、おうちにDVがある子の特徴でもあるように思います。

元妻を殴った男性とお会いしているんですけど、彼のおうちは、兄が殴るひとなんですよね、母親がやられている。そのとき、彼は、兄ではなく、母がうまく立ち回らないことにいらだつんですよね。そういう構図がやっぱりあるなあと思って聞きました。

私は暴力に対して腹が立っているので、生活史調査みたいなかたちで、被害者がなぜ加害者になっていったのか書くことは、やっぱり彼らの暴力の擁護という手法になるようにしか思えないでいるというか。調査によって尋ねられて自分の人生を語る、それによって気づきが進み、自分の被害者性を引き受けたりするようなものになるかどうか、まだわからない。

書いたものを読んでくれて、だから自分は被害者として育ち、だんだん加害者になっていったんだと気が付いてくれれば、それはとても大事な話になると思うんですけど。でもなんか、男の子たちは読んだからといって気づくような気もしない。女性のほうが再帰的に自分の物語を構成したがっているような気がします。原稿にしたあと、付き合う恋人には必ず読んでもらうという子がいたり、本のゆかりの場所の名前を生まれた子につけた子がいたりして。そういう入れ子構造というか、再帰的に自己物語を構成しているというのを女性たちには感じるんですけど。男の子にそれを感じないんですよね。だからやろうと思わない。

映画で描かれる暴力

上間　被害者性が大事ということと、プログラムのなかで被害者性が先に来ることがどれだけ危ないのかというのがありました。坂上監督の『プリズン・サークル』は、自分のなかにある被害者性を発見していく映画でありますよね。

信田　あの作品のパンフレットにも書かせていただきましたが、あれは一定期間あそこに強制的にいるから可能だとおもいますし、ファシリテーターの技量も影響しますね。半年から一年くらいかかるでしょうが、それにしてもあれはすごい映画でした。

上間　信田さんが紹介されている『ある子供』（二〇〇五）とか、私は、そういう映画に「もういい」ってなるんですね。食傷気味というか、調査の話だけでいっぱいいっぱいというか。でも、信田さんは自分のところに来るひとたちとか、背後にある暴力の濃縮みたいなものを見続けていられるんだなあと思って。

信田　ダルデンヌ兄弟の映画は、暴力そのものが絶対出てこないんですよね。怖いですよ、寸前のところでパッとシーンが変わったり。結論を絶対出さないの。

つい最近見たのは『その手に触れるまで』で、イスラム教の信仰に少年がはまっていく物語で。自分をすごく大事にしてる女の先生を刺しちゃうの。それで少年院送りになるっていう、すごい物語なんだけど、残酷な場面は出てこない。音楽もなくて。淡々と描いて、これどういう結論なのってところで終わるのが、好きなんですよ。

生々しい暴力は苦手なんですが、暴力を胚胎する関係とか、ある種の心理的な影響が描かれる映画は好きですね。

上間　暴力って、そのものの生々しさを見せつけられるよりも、予感としてあることのほうが怖くないですか？

信田　それは、そのとおりですね。

上間　予期が見せられたときのほうがつらい。

信田　私は、それは平気なんですよ、予期は。不安と緊張ですよね、それはぜんぜん平気。むしろ鮮血とか、韓国映画定番の拷問場面はちょっとだめですね。見れなくて、目をつむって耳栓します。
あとは、暴力ふるわれたあとの、英語で「焼き払われた野原みたいな」って表現されるんですけど、その状態がよく描かれている映画もいいですよね。食傷気味になったりしない。

上間　目の前のひとの話を風景のように眺めていき、それがどういう物語なのかというところに目が行くと。話を聞いているときにも、ずっと頭を働かせてるって言ってましたね。

打越正行さんの調査

信田　和樹がすごく印象に残ってるんですね。加害的なんだけど、大変な家族で育ってきて。平気で女性を使用して、バランスをとって、そんなに罪悪感もなく生きていって。自分はお父さん大好きだという話に回収されていくような構造って、もうちょっときちんと腑分けして整理しないといけないと思う。すごくそこは危険なところだと思うし。裁判所命令で実施されるプログラムでは、なかなかそういう点は拾えない。

上間　なるほど……。それはどういうかたちになるんでしょう。打越さんは、『ヤンキーと地元』の発表前に調査の子に読んでもらったそうなんですが、絶対だめだと言われるところが、こちらの予想とまったく違うという話をして、おもしろかったです。なかには愛人がいる方もいて。かれらが警戒するのはそこで、そこをどう隠すかにこだわる。

　だから、被害者性について記録を介して学ぶという話がピンと来ないのはそこで、和樹に読ませたところで、彼は自分の生育歴にある、暴力性を自分がどう正当化してしまうようになったかというところではなくて、女のひとをどう転がしているか、そういうストーリーになっているかにこだわると思うんですよね。打越さんと、やっぱり女性の場合、再帰性というか、自分の物語をつくっていくのとはちがってるねという話をしました。

でも打越さんの研究で、このデータがつくづく羨ましいっていうのがあるんです。三人の暴れん坊たちがお酒を飲んでるときに、打越さんはそばにいて。「自分たちのことを信じろ」って言っても、「信じられない」って話す子がいて。「俺はだれにも弱み見せないで生きてきた」って。よく語ったなぁっていうか、打越さんはよくその場に立ち会えたなぁって。

旧盆の日、それは地元のネットワークがあるひとにとっては楽しい日なんです。その日に、地元の誰にも呼ばれなかった三人と打越さんがお酒を飲んでる、すごく寂しい日なんです。あ、こういう場面で男のひとたちは自分に親密圏がない痛みを語るんだなぁって思ったんです。

打越さんのデータは、フィールドワークをベースにしていますが、とくに、そのデータをとった年くらいから、ＩＣレコーダを彼らの許可なしに、いつでも打越さん自身が決めてオンにしていいって状態になっていたんですね。許可をとっていたら、「いちいち聞くな」って言われて。彼らの話す方言はきついので、聞き取りデータで書くのは難しいんですよ。

ちょっとね、嫉妬するというか。打越さんが会っていた方、何名かの方には私もお会いしているのですが、彼らの打越さんに対する信頼と友情を見ると、ああ、この調査はこの先もちょっとやそっとではできないだろうな、と思いますね。

男のひとたちは、どうやって「自分をなぐった父親のほうが好き」という物語を越えていくのか。やはり、父親が不在だったという痛みを、その痛みを抱えた者どうしで語り合えたときのように思えるんですね。

打越さんの調査は、調査というかたちではからずもコミュニティをつくりだしたと思います。私たちにはそれを今後どうやって社会につくりだしていくのか、という課題が残されていると思います。

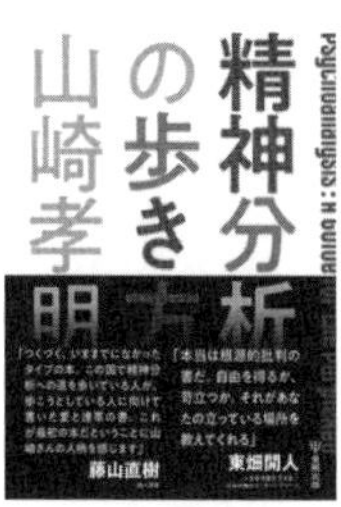

『精神分析の歩き方』山崎孝明（信田）

心理の専門家のあいだで、精神分析が近年影響力を失いつつある。このような危機感から若手の精神分析家が縦横無尽に全力で語りつくした第一作である。懇切丁寧に、初心者にもわかりやすく記された文章は読みやすく、精神分析を知らないひとにとっても入門編になるだろう。何より精神分析への愛に満ちた著者の姿が浮かび上がってくるのがすばらしい。「日本精神分析マップ」の図は必見。

（金剛出版、2021 年）

『当事者主権』中西正司・上野千鶴子（信田）

今でこそ当事者という言葉は当たり前になっているが、その幕開けになったのはおそらく本書である。著名な社会学者である上野と障害者団体代表の中西は、従来の援助やケアの対象者でしかなかった当事者が、実は主権者であることを主張した。精神科医療や福祉、心理臨床の現場でも本書が投じた一石は大きな波やうねりとなっていった。その原点を知ることのできる貴重な一冊である。

（岩波新書、2003 年）

『プロジェクト・ファザーフッド』ジョルジャ・リーブ（上間）

スラム街で父親を知らずに育った男性たちが、その喪失感や大人になる痛みを語り合い、やがては自分たちがコミュニティの子どもたちの父になることを決意します。そうして現れたのは、自分の抱えた痛みと悲しみを語ることを厭わない、次世代を育てるためにケアを引き受けていくような男性たちの姿でした。アメリカだけでなく、日本においても必要な営みだと思います。（晶文社、2021 年）

『ヤンキーと地元』打越正行（上間）

建設業や性風俗業、ヤミ仕事に就いた沖縄の若者たちと一緒にバイクに乗り、アジトでバイクの改造をして、真夏の建設現場で同僚となって働きながら、話を聞き続けてきた著者による沖縄の男性の世界の記録です。彼らが女性や子どもたちにどのようにふるまっているのか、それはどういう社会構造のもとで生起したか。10 年以上にわたる彼らとのつき合いによって紡がれた、徹底した沖縄の上下関係を暴露する著者の言葉は説得力があります。

（筑摩書房、2019 年）

第5章

言葉を禁じて残るもの

二〇二〇年三月二七日

性被害をどのように語りはじめるのか

上間　信田さんのカウンセリングセンターに来た方々が、性被害をどのように語りはじめるのかというところに私は興味があります。最初から話そうと思っていらっしゃるのか、別のことを話すつもりで来ているのに、お話しするなかで話すことを決めるのか。もう一点、グループカウンセリングではどう語られるか。グループだと語りをめぐる枠付けがありますので、語られ方が違ってくるのかなあと。

　信田さんにそのあたりのことを聞きたいと思いながら、私の見ている子たちがどう話すかということを、呼び水としてまずは話をしてみようかと思います。

　調査項目に性被害の項目はありません。調査としてやってるのは、どうやって子どもをもつに至ったか。若年出産女性調査なので、いまだとそういうことが中心になります。彼女たちは一〇代でママになった子たちなので、そのネットワークの特徴とともに、何かをあきらめることがあったのかなどの中断体験がそこにあったのかということが聞きとりの中軸になっています。

　で、中断体験というときに、学校教育のあり方を私はとりあえず聞きたいと思っているんですが、中断として認知するのかしないのかというところに個人史がすごく出てくるんですね。子どもを持つに至ったときの性行為の意味づけについても、その前の生活との関係が深く関わっています。そうした歴史を聞いているうちに出てくる。

そういう話を聞いているなかで、レイプされたことが語られ、幼少期からの性虐待の話が出てくる。いまの調査で五人の方が家族のなかで起きていた性虐待を語り、四人の方が自身が性虐待を受けたことを話しています。いずれも小学生のときです。一〇代でママになった因果関係はもちろん見えないような話なんです。でも、早く子どもがほしかったという話が本人から出てきたり、最初の性体験が異様に早い、たとえば六年生のときにはもうセックスをしていた、とかが引っかかりのポイントです。

性被害については聞くか聞かないかは悩みますが、この話を聞かないとこのひとのことをわからないだろうなと思うので、聞いています。

今回、性虐待の告白をした四人の方が、どのときにどう語りはじめたのかデータを見てたんですけど。一人の方は、私は当初、レイプがあった子かなと思って聞いていたので、質問の構成は考えました。その日の一番大事な質問は「性体験はいつ？」でした。それを聞いたら「ん？」ってとまったので、「いや、一番最初の性体験はいつなの？」って聞いたら、「好きなひととのこと？　そうじゃないこと？」って聞かれたんですね。「どっちも」と尋ねると、小学校のときに自分の叔父や家族にレイプされたっていう話が出てきたんです。

もう一人の方は、ママの話を聞いていたんです。「どんなママだったの？」という話を聞いていて、「どの子どもに対してもママは同じような対応をしてたの？」って聞いたら、全然違うと言い出して。「だいたい、親が気づくべきなんですよね」と言うから黙って聞いていたら、「子どもは、性被害なんて話せないですよ」って感じで話し始めたんですよ、自分が親から受けた性暴力を。

もう一人は、学校や先生に対して、いつも自分はムカついていたという話をするので、「どういうことにムカついてたの？」って聞いたら、「みんな明るく、一致団結して乗り切ろうみたいなことを言いやがって。何キラキラしてんだってすごい腹が立って」と口にしたので、「キラキラしてないことを感じてたんだね」って言ったら、そのころお兄さんとおじさんにレイプされていたって話が出てきたんです。

だから、こちらとしては周辺の話を聞いていたら、性暴力がポッと出てくるんです。なので、たぶん、これまで語られてない方がいっぱいいるんですよ。私はたまたま聞いて、その体験を教えてもらうことになったんだけども、話してない方いっぱいいるんだなと思っています。本人たちも、「あれ、話しちゃった」みたいな反応なので、信田さんのところにいらっしゃる方と違うのかなという思いがあります。

信田　そのことはすごく重要なことで、一般にはほとんど知られていない。つまり、「私いってことです。

は性被害／性虐待を受けました」と言ってカウンセリングに来るひとはほとんどいな

いるとしたら、それこそ大人になって、警察マターになるような被害に遭ったひとです。警察にも最近は必ず女性の担当者がいますよ、警視庁は性被害などに特化した被害者支援担当者が常勤でいるんですよ。そこでちゃんと時間をかけてカウンセリングを受けたほうがいいと紹介されて来談された方もいます。でも、それはごく一部。ほとんどは、上間さんがおっしゃったように、ほかの暴力被害。DV、親の虐待が自分の問題だと思って来ていて。一回目に話すひとはいないですね。

なかには、二年くらい来ていて、今日でカウンセリングは終了ですというときに、それも面接時間の終わるまぎわに、「最後に言いたいことがあります。実は父から、こういう……」と語る女性もいます。聞いているほうも驚いてしまうわけですが、「最後にこれを言えてよかったです」と言って、お帰りになりました。息子の薬物依存や夫のギャンブルなど、目前の大変なことがあった方でしたが、それらが全部解決して、もうこれで最後というときに、あなたを信頼してますよという感じで話してくれたのかな、と思います。

臓器がぶらさがっている感覚

信田　あまり言ったことはないんですが、私はわかったりするんですよ、このひと、性被害受けてるんじゃないかなって。なんかね、変なんですよ、話していて。それをどう言っていいかわからないんですが。
　でもそれはあくまで私の感じ方ですから、話さないでいますが、不思議とご自分から、「実は」って話しだすひともいるんです。

上間　その、変だなっていうのはどういう？

信田　今は聞くことは減りましたが、「天然キャラ」っていう言葉がありましたよね。なんかずれていて、そのひとの言うことが、まわりからするとお笑いのネタになったりするという。あのそぐわなさ、ちょっと空気感が別の感じって、性被害経験のあるひとに多いんじゃないかなって思うんですよね。
　それが何なのか、ずっと考えていたんですけど、最近トラウマ研究が進んできて、解離なんじゃないかと思ってます。軽い解離があるために、話の流れのなかで自分がどっか別のところに行っちゃって時間がずれたりしてる。それなりに応答してるんだけど、周囲からは変なことを答えてる。そこをつっこまれたりしても、ピンと来ないので動じないから、それがウケて、いつのまにかそのひとのキャラになったりする。女性芸人に多い気がしますね。彼女たちに、軽い解離が起こってると考えれば辻褄があう。おそらく、性被害に起因した解離じゃないでしょうか。

　もうひとつは、解離とまでは言えないけど、ずっと抱え込んでいる違和感ですね。性虐待経験のある女性のカウンセリングで聞かされたことが印象に残っています。彼女もそれまでは言葉にしたことがなくて、聞いた私もびっくりするような表現でした。

　いつも自分のなかに変な臓器があるような感じがすると。その臓器は、どうでもいいものなんですよ、自分にとって。でも自分の臓器だし、どうしようもない、なんとも言えない諦めというか。所在のなさというか。いつも自分のなかにそういうものがぶらさがってる感じがしたっておっしゃって。ものすごい表現力だと思った。

　まじめな勤め人だった父が、ある晩高校生だった彼女のふとんに入ってきて体を触ったっていうんですよ、詳細なことは言えませんが。のちに父はその行為を「お母さんと間違えた」って言ったんですが、でも本当のところはわからない。彼女は翌朝混乱し、ものすごく不安定になってしまった。その前後の記憶については、もう頭のなかがぐちゃぐちゃになってしまって。それから二〇年近く、変な臓器が自分のなかにあるという感覚を抱きながら、その記憶に触れないようにして生きている。遠方の実家にも世間並に帰省するし、母親とは頻繁に携帯で連絡をとりあったりしてるわけ。だけど、変な臓器はそのままにある。

あるきっかけから、そのできごとが性虐待だったんじゃないかと思い、カウンセリングにいらっしゃったんですね。これまで数多くの性虐待被害を受けた女性（男性）のカウンセリング経験がありますが、加害親が正面からご本人と向き合って謝罪したいとおっしゃる例は稀です。一割もいません。彼女の父と母はそのうちの一組でした。遠方から来談された父親と母親にも会いましたが、私とほぼ同世代の二人はこれまでの真面目な生き方同様に、娘にちゃんと謝罪したいと語りました。

彼女をとおして、私からはセレモニーをやったらどうかと提案しました。異物のような記憶を抱えながら日常が続いてきたわけですから、非日常である場を設定し、そこで父から娘への謝罪するセレモニーを、母も参加して実施したらどうかと思ったんです。

これは修復的司法（Restrative Justice、被害者と加害者の対話を中心として、解決を目指すアプローチ）がヒントになっています。具体的には実家との中間地点のホテルの会議室で三人が会い、①彼女が性虐待被害を語り、②それを聞いていた父が娘の言葉を復唱し謝罪を述べる、③母からの謝罪、という順序で話す。所要時間は約一時間、終了後すぐに退出して帰る、といった流れです。彼女はこの提案を受けて、一カ月後にそれを実行しました。

その後の報告によると、ドラマのようにセレモニーですべてスッキリしたわけじゃないけど、あの臓器の感覚は弱まったことと、父はあれが精一杯だったんだ、想像はしてたけどやっぱりあそこまでだった、でもそれがわかったことはよかったし、性虐待加害者の中で数パーセントしかない対応をしてくれたことは認めようと思ったと語ってくれました。

彼女のもうひとつの気づきは、これまでの異性との関係についてでした。自分の身体なんだけど、どこかどうでもいい、どうなっても仕方がない、最初からあきらめているような感覚でつきあってきたんだけど、それってあの臓器の感覚と同じだったんですよ、とおっしゃったんです。

フラッシュバックの意味

信田　それから、グループの場合。これはね、なかなかすごいんですよ。一五人近い参加者の話を毎回聞くわけですから、刺激がすごい。一対一のカウンセリングとは比較になりません。メンバーの話がきっかけになって、想起というか、忘れていた、どこか異空間にあった記憶が、サッとフラッシュバックが起きるんです。そんな女性をグループで何人も見てきたんですが、なぜあの場でフラッシュバックが起きるのかの仮説を持つに至ったんですね。

それはね、いまその記憶を思い出しても、ちゃんと支援してくれる専門家や仲間がいる、大丈夫だと思ったときに、フラッシュバックや想起が起きるんだと思うんです。ひとの記憶って、すごくよくできてるなって。そうやって、親や兄からの性虐待を思い出したひとが本当に多いし、グループカウンセリングでそれに立ち会うことができました。

日常生活は、性虐待をはっきりと想起すると生きていけないので、そのひとなりに処理をしてるんですね。その処理の仕方は、さまざまですし、外から見ると同じことを繰り返してるように見えるかもしれませんが。だからグループは途中で出られなくなるひとも多いの。続けたらだめかもしれない、自分には早すぎるんじゃないかって直観的にわかるんだと思う。だから、私は無理強いしないです。

上間　フラッシュバックをエンパワメントする話法にびっくりして聞いてました。フラッシュバックは、よくないものだと捉えていたので、思い出せるようになって、それに耐えられるようになったから起きているのだと捉えかえすわけですね。なるほどなあと思って。これは、本人たちも腑に落ちますか？

信田　腑に落ちますね。よく外国の裁判でも、性虐待から二〇、三〇年過ぎて訴えるひといますよね。常識から考えてもでっちあげだと思われても仕方のないような年月ですよね。でも、はっきりと思い出せるというのは、それを信じてくれるひとがいたときに起こるんだと私は思うんです。

上間　なるほど。……夢を見て困ってるという方がいて、いままで自分に性加害をした男たちがたくさん出てくる。その方は小さなころに性被害を受けていて、次にレイプされていて、次に付き合った男性にＤＶと性暴力を受けているんですが。夢のなかで、ひとかたまりでその男たちがウワッと襲ってきて、すごい恐怖だと。ただ、調査の方で長期的な性虐待を受けた方がいるのですが、その方は、夢を見ても大丈夫っていう状況まで来てるから夢を見ているんじゃないかって話すんです。そのさなかには、夢も見なかった。

今ももちろん、フラッシュバックや夢は怖いんだけど、思い出せるようになった。それで自分がフラッシュバックを起こしたり夢を見てるときは、自分を慰撫《いぶ》することができたからではないかと。

信田　そう思いますね、その方のおっしゃるとおりじゃないかと。

そのお話を聞いてフッと思い出したのは、夢の記憶を語った女性のことです。繰り返し夢に出てくるのは、たぶん小学生くらいの自分がすごく重いものがのっかってきて夜中に目が覚めてしまう、見上げると天井から裸電球がぶらさがっていて、部屋の外には芭蕉の葉が生えている、というシーンなんですね。ときどきその夢を見るたびに、すごい嫌な感じがすると。

彼女はグループカウンセリングに参加するうちに、あれは父からの性虐待の記憶じゃなかったかと思うようになり、思い立って現場検証に行ったんですよ。新幹線で当時住んでいた西日本の街に行き、記憶をたどって当時住んでいた社宅のあった場所にたどりついたら、奇跡的に古ぼけた社宅がアパートに転用されてまだ残っていたんですよ。

管理人に頼んで空き部屋を見せてもらったら、光の入り方、芭蕉の植わっていた庭、天井からぶら下がった裸電球も、全部記憶どおりだったんです。グループで彼女がそのことを話したら、聞いていたみんなが泣いちゃって……。だから、だれか一人でも自分の記憶を信じてくれるひとがいるというときに、安心できるひとができたときに、そういうことが起きるんだと確信するようになりました。

被害経験の読み替え

信田　性被害を受けると精神的に不安定になると教科書には書いていますが、何か記憶の底から浮上してくるものを飛ばしながら生きてる。受けながらも、多くのひとはそれなりに適応して、ときには優秀なひととして生きてるわけですよ。
　この本を読んでくださるひとたちのなかには、そんな生き方をしてきたと思うひともいるでしょう。自分の身に起きたことがわかってから、ほんとうの苦しみがやってくるんだと思う。でも、それを信じるひとができたから、上間さんのように話を聞いてくれるひともいるから、その苦しみが起きるんでしょう。
　世の中の考えとは逆で、信頼するひとが見つかって、思い出して、不安定になるという順序じゃないかなと私は思ってるんですけど。

上間　すこし安全なところにきたから、なんとかその記憶と生きていける道はないかと思い、思い出すのだと。

信田　さっきの夢のお話も、彼女が言ったように、夢に出ても大丈夫っていう。そして夢に出ることで、ちょっと変な言い方かもしれませんが、回復していくんだと。夢ってそういう機能があるんだと思います。ユング派の分析もそうですが、夢を見ながら回復していくっていう。

上間　教科書が必要であるという言葉は信田さんがおっしゃったことですが、ほかの暴力行為と性暴力というのは、どういう違いがありますか？

信田　そこは大きなポイントですね。あらゆる歴史は、それが正史であるかぎり、裏の歴史（裏面史）が存在するでしょう。暴力の多くは戦争につきものとして正当化されてきましたし、正義の戦争として称えられたりします。でも多くの女性たちの性被害は、男の手柄になったり占領の証になったり、産む喜びに読み替えられたりしてきたのであって、そういう視点からもう一回見直すとね、教科書どころか歴史が変わっちゃう気がするんですよね。

あらゆる差別というものは、それらを見ないようにしたほうが平和だったということかもしれません。差別という言葉ができて、闘うひとも出てくるけど、理不尽さに気づいて苦しむひとも出てくる。性被害も同じで、この言葉を知ったことで不安定になるひともいると思うけど、専門家はそこをちゃんと支援していかなければとは思っています。

上間　どうやってその記憶を統合していくんですか？

信田　統合という言葉は、多重人格が流行った九〇年代からけっこう使われていました。いくつかに分割された人格が、最終的に統合されるとか。複数の人格がどんどん登場するが、その中で統合人格は誰かとか、そんな使われ方をしてきたと思います。統合人格を援助することで、じょじょに多くの人格がまとまっていく、それが治療であると考えられてきました。

ただ、性虐待被害は必ずそのような多重人格的、人格が分かれちゃうような状態になるわけじゃないと思います。ドラマ的にはそのほうがおもしろいですが。なんか変だと思いながらも、好きな男とセックスできればいいやとか、そのひとなりに自分の行為を読み替えていく、でも根底には耐えがたい性被害がある、そうすると読み替えをどう行うかっていうことだったんじゃないでしょうか？

上間　なるほど。腑に落ちます。一四歳のときに集団レイプに遭っている方といまも会ってるんですが、彼女はともかく、若いけど使えるキャバ嬢っていうのが、聞いたときの触れ込みで。オーナーたちは、一九歳になったばかりだけど、どの客にも対応できるよって。会ってみたら未成年だったので、つきあいだけは続けていました。その子は男のひとをどうコントロールするかということと、怖い男に対して自分はめちゃくちゃ強いというところにプライドをもっていました。

もう一人も売れっ子のキャバ嬢で、初めてひとに話すけどって、キャバ嬢する前にレイプされていて。でも、その子はそこから、自分はきちっと性的魅力を売るって決めたんです。たしかにそこには、解離していくことよりも、セクシャリティをどういうふうに資源化するのかという戦略の方がいらっしゃると思いました。

もう一人、「解離をしていると思う」と話す方がいるのですが、解離をしてるときの自分が、中学のときの自分だと言うんですね。その方は食べることで不安をなくす。そこだけがコントロール圏だったから、と。

信田　過食もアディクションだとすれば、そうやって自分の気分をコントロールする。セルフコントロールの感覚を、アディクションはかりそめに回復させるんですね。そういう意味では、過食する方も多いですね。
私が最初に奇妙な感じに出会ったのは、摂食障害者のＮＡＢＡっていう団体のワークショップだったんです。ものすごい強烈な印象でしたね。すっごいきれいな女の子がポーッとしてて、独特な感じです。あとで聞いたら、兄からの激しい性虐待があったのに、家族のだれもが放置してなかったことにしてきたという。食べ吐きして生きてきた。解離的ではあるけど……。

上間　解離というより、セルフコントロールできる領域をつくって、自己の感覚を戻してるんじゃないかということですね。

選択肢のすくなさ

信田　セクシャリティの戦略的利用というのは、その通りですね。
それとセックスワーカー論とはつながっています。一部のひとたちは、過去の性被害とセックスワークをつなげるような言説を潰して回るようなところがあって。私は、やっぱりどこかでつながってるとしか思えないな。

上間　そうなんですよね。そもそもセックスワークの権利を訴えるときのロジックの立て方が、ポジショナリティの問題を主題にして、「キャリア女が何を言うか、当事者のことを知っているのか」という、ずっと同じパターンですよね。
私も批判されたことがあるんですけど、でも、原稿をちゃんと読んでもらえばわかるはずなんです。私はセックスワーカーの研究をしている同業者である研究者に対してその解釈は違うと、『こころの科学』の「貧困問題と女性」を書いたのです。当事者団体が貧困問題と関連させてセックスワーカーのスティグマを強化するな、そんなことを言うなと研究者に言ったからといって、目の前にいる社会調査で話を聞いた当事者は、自分が選べなかった状況を話しているのだから、研究者としてはそれを無視できないはずだという話をしたんですね。

私は、ある当事者団体の闘いのための政治的な言葉によって、目の前の当事者の言葉の解釈を変更している研究者に対して批判しました。そこをポジショナリティの議論で批判されたので、そういう話ではないという思いがあります。

同時に、そもそも当事者だから何を言ってもいいっていうわけじゃないという思いもあるんです。それぞれの体験は個々で違うし、沖縄のセックスワーカーになっている子たちの選べないことのすさまじさは、東京や大阪なんかとは違うようにも思うんです。それこそ中学生くらいから業界に出入りしているような子たちが、子どもをもってお金がなくなったときに、再び戻っているんですよ。

未成年のときに働いていた子の話は本当にひどいですよ。計算すると、時給一〇〇〇円くらいで挿入までやってるみたいな実態があって、それでもおうちにはいたくなかったという話をするんです。そして、その子たちが業界に戻っているのは、豊かな選択から選びとられているわけではありません。だから、そこは文脈をきちっとわけて、分節化して丁寧に論じることをやっていくしかないと思います。

信田　選択不能性というのは、大きなポイントですね。意味があるのかもわからないですけど。私も上間さんのもう一回読んで、どうしてこんな批判するのかなっていう。そのときから距離感があって。

上間　ポジショナリティの問題に焦点をあて、アリーナというか、議論の場所をつくる戦略だと思いました。私は社会調査をしているのであって、そういうときにポジショナリティの議論だけでは、何ひとつ進まないという思いがあるんですね。

　要するに私が言っているのは、アマルティア・センの言うケイパビリティの縮減ですよね。三つから選んでるひとと一五個から選んでるひとがいる。もちろん本人たちは選んでると言ってるし、たしかに選択はあります。でも、彼女たちが何から選んだかを見せるのが社会調査だと思ってるんです。だから、そういう仕事を積み上げていくしかないのだとおもいます。

　同時に、セックスワーカーの当事者団体による、どうやって早く射精させるかとかのテクニックをシェアしてくれているのは、働いている方にとって本当に大事な知識なんです。私も講演会を開催したり、相談したりしたことがあるんですが、沖縄で仕事をしている子がお店のオイルでかぶれてしまったときに、どのオイルを混ぜたらいいか教えてもらったんですね。だから、実践的な技能や知識はもちろん必要なんです。法的に守られることも重要です。

信田　ホワイトハンズ（一般社団法人。もともとは障害者の射精介助から始まり、新しい「性の公共」をつくることをミッションとしている。代表理事は坂爪真吾）とつながってるんですか？

上間　射精主義になってるんじゃないかと批判していますね。技能がもっとも投入される領域で、それは射精させればいいという話ではないはずだと。

信田　すごい興味深いですね。

上間　非常に大事な指摘だと思います。とはいえ私は、選べない、選択肢がものすごい少ない子たちが業界にいたり、沖縄の風俗業界のゾーニングがあまりされていないことで非常に若い子たちが参入している状況と、働いている方の技術や法制度をちゃんとするというのは、両立する議論だと思っているんです。貧困とか言うな、選択肢の少なさの話はスティグマにつながるからするな、キャリア女性は黙れといったら最後、何も語れなくなってしまう。こういう議論の組み立て方には違和感があります。

私が指摘している貧困との関連性や選択不能性の問題の議論に対置するならば、貧困と関連していないこと、ケイパビリティは縮減していないという社会調査を通した実態の明示が必要だと思います。ただ、それはまだ出ていません。

信田　当事者はいつも正しいわけじゃない。選択不能性の問題、それから性被害者の置かれた状況というのは、いまいろんなところで、不可侵だった援助の領域や、正しくて善いことを行っているひとたちを根底から揺るがしてますね。

アリーナになってるのはぜんぶ性被害でしょう？　東京シューレの問題とか、べてぶくろの問題とか。符合したかのように、コロナの感染拡大の時期と、性被害や女性差別の問題の表面化がほぼ一致してるんじゃないかって思うんですよね。コロナが明らかにしたのは、日本の感染症対策の脆弱さもだけど、性差別、性被害の問題ですよね。

家族の性虐待

信田　性被害による解離はなぜ起こるのか。生命危機の感覚が一番大きいとは言われています。レイプするひとの七割が顔見知りという統計があって、残り三割の話をすると、見知らぬひとに夜道で拉致された場合、命の危機を感じて抵抗できないというのが、一応表向きの論理ですね。怖いと思っているのは意識があるわけですけど、その瞬間に実際は解離しちゃうのではという説があります。

自殺企図をしたひとが、飛び降りた記憶がなかったり。ほんとうに私はあそこから飛び降りたんですかっていう。だから、記憶がないというのは、解離というと粗雑な言葉になっちゃうんだけど、危機のときに意識が飛んじゃうということで言えば記憶はないですよね。殺されるかもというのと、レイプされるという恐怖の質の違いもあると思いますしね。

で、近親者の場合や残り七割の場合は、親しさ、愛情交換の延長で起きる性被害だから、分けたほうがいいんじゃないかと思いますね。加害者の言葉が被害者を洗脳しますからね。姉妹が三人いて、お姉ちゃんよりお前がかわいいと言ったり、残酷なのは、「おまえも楽しんだだろう」というやつですよね。それこそ選択不能な状況のなかで共犯者にされちゃう、家族の性虐待って。これはもうどうしようもない。

上間さんのところでも、小学校入る前のって多いでしょう？

上間　いいえ。私に話してくれた方は、みんな小学生のときです。

信田　私の場合はもっと早いひとが多いんですよ。お父さんの膝の上に載せられてテレビ見ながら、とか。記憶が発生するか否かのころに。

ほんとにね、加害者の狡猾さ？　絶対覚えてないだろうというときにやってるんですよ。言葉が出てくると途端にやめたりする。あとは、小学校二年までで終わるのは、第二次性徴期に入るからさっとやめたりする。

とくに幼い子だと、被害者はなぜ抵抗しなかったのか、なぜお母さんは気づいてくれなかったのか、そして自分も気持ちよかったんじゃないか。そういうことがいっぱいで、てんこもり状態です。どれだけの数の被害があるのかと思います。

上間　ああ、こういう感じになるんだなと思ったのが二つあって。ひとつが、「こわいこわいこわいこわいこわいこわいこわい」って言って、身体がすくむんです。ギュッと動かなくなる感じ。歩けない。

もうひとつがぼんやりする。ボーッとする。そばで見ていたら、内的な衝動に従ってるように見えちゃうんですね。そばにいて「あれ？」って思うのですが、本人ははっきりわからない。タバコ吸い始めたりとか、突然。吸っちゃいけないところで。あ、飛んじゃってたんだなーって、最近はようやくわかるようになったんですけど。

あと、時系列がわからなくなっているので、私に話してくれる方は開始したときのことをはっきり話せないです。一年生か二年生か実はわからないんだけど、それくらいだったとか。四年生だったか五年生だったか、でもたぶん、生理は始まってないとか。いつ、だれに、どうだったというところが、ちょっとわかんなかったり、変わるんですよね。

信田　わかる、わかる。

上間　ただもう、それは語るに任せていて。この前はこう言ってたよねという言い方はしないで、バクッと、嫌でつらいことを話そうと思って、なんとか自分で腑分けしながら話しているんだなあと思います。

話を聞いていると、とにかく加害者はズルいなぁと思うんですね。グルーミングというんですか、飼い馴らしていくんですよね、ほんとに上手に。それによって被害者が、自分も仕向けてしまったんじゃないかという思いを持たされてしまう。とくに幼いときに始まったものって、そういうふうになりやすくって。

だから、そういう概念がもっと広がるといいなあと思います。加害者たちは、あなたを獲物としてターゲットとして馴致《じゅんち》して、それを愛情だとかなんらかの交換関係ということにして、飼い馴らしたんだと。本人たちがそういう概念と解釈を手にすることができるといいなと思うんですけど。

　こういうグルーミングのなかで思わされていた認識は、そもそも警察の調書からは抜かれるんですよね。それは裁判では不利になるから。自分も好きだったかもしれないと思っていたので、そのときは訴えようと思わなかったとか、それ自体が加害者が仕掛けていることが広がらない。

「嵌《は》められている」、ずっとそういうことが周到になされているということの了解が本人たちにも伝わってなくて苦しんでいる。信田さんの教科書が必要だというご指摘は、本当にそうだよなあ、詳《つまび》らかにされてないなあという思いがあります。

信田　まさにＤＶと同じだね！　まったく同じだなと思って。彼らのグルーミングってすごいから。ちょっとでも愛想尽かして家を出るようなそぶりを見せると、すぐにそれを感知するんですよ。なんとも言えない懐柔っていうか、お茶碗洗ったり、滅多に言わないこと言ってみたり、それを性行為でやろうとする男もいるしね。

伊藤詩織さんの事件のときに山口某という男性が問題になりました。彼にしてみたら伊藤さんの態度が自分に対して好意を持ってるように思えたというのは、男性にとっても、教科書がなかった悲劇ですね。

変な言い方だけど、警察の調書も含めて、歴史って男性の視点だから。昭和三〇年代四〇年代の小説なんて、今からは読めないでしょう。渡辺淳一の晩年の作品なんかほんとうにリアリティゼロですから。いちど八重洲ブックセンターで、渡辺淳一のサイン会をやっているときに出くわしたことがあるんですが、会場の三階から一階までずらーっとぜんぶ中高年の男性が列をなしてました。みんな女性ファンタジーを求めてるんだなって。

三月二二日の『地元を生きる』のオンライン合評会、とても充実していて、思わず聞き入ってしまいました。あの話なんか聞いたらびっくりするでしょうね。

上間　なんですか、沖縄ファンタジーに対してですか？

信田　あ、沖縄ファンタジーって女性ファンタジーと同じですからね。あのときの打越さんの話がおもしろかったから、『ヤンキーと地元』を今読んでるの。おもしろいですね。

上間　打越さんの調査はビジュアルでみたらもっとおもしろいですよ。私との調査終わったあと、打越さんは、今度は違う調査に行くんですよ。帰り道で58号線通ると、打越さんが50ｃｃの原チャで暴走族の末尾から、ブーーーンと走ってるんですよ。みんな遠くに行っちゃうんですけど、打越さんは、信号無視をしないで、ちゃんと止まったりしてて（笑）。みていて、とってもおもしろかった。

語りのフォーマット

上間　あの、もうひとつ関連して。思い出したくなかった記憶を思い出して語ったりした、本人はメモをとったりしますか？　しゃべるだけ？　というか、語って、聞いてもらって、こういうふうにわかったって帰っていきます？

信田　メモをとるということは、何かを固定化することだから。話すというのは自分の外に出て、話した時点で変わってしまいますね。なかにはずっとメモするひといますけど、そういうひとは変わりませんね。メモしないひとのほうがいいと思う、カウンセリングでいえばね。

いまＩＣレコーダーを持てる時代じゃないですか。カウンセリングだって録音できる。でも、そういうことを疑ったことはないし、だれも録音してないですね。私は録音されても全然かまわないけど。でも、そんなことして、カウンセリングにお金払う意味はないって思うんじゃないの？

上間　すこし戻るんですが、カウンセリングとグループの場合について。信田さんはグループから始まっているとおっしゃってましたが、グループの強みというか特徴というのはあるんですか？

信田　カウンセリングには一対一の個人カウンセリングとグループカウンセリングがあります。グループカウンセリングは専門家主導で実施されますが、自助グループは当事者だけで構成されるので、カウンセリングとは違いますね。

もちろん私は依存症当事者ではないので、専門家としてグループに関わってきましたけど、やっぱり自助グループはすごいと思います。ダルク女性ハウスの上岡陽江さんの言葉も、お会いするたびに目を開かされる思いですよ。

自助グループって、語りのフォーマットを手に入れる場所なんですね。それって大きいと思う。とくにアルコール依存症のひとたちって、もうドロドロの生活送ってきて、それを言葉にもできなかった、言葉を消すために飲んできた。ただひとつ、「俺がなんで酒やめなきゃいけないんだ」としか思ってないわけだから。そんな彼らが自助グループに通って、毎日いろんな語りを聞いてるうちに、自分の経験が少しずつ言葉になってくる。彼らのトラウマも、それを言葉に出しているひとによって、すこしずつ、容器、コンテナができていくような感じで。

だから、ＡＡ（アルコホリクス・アノニマス）とかＮＡ（ナルコティクス・アノニマス）に行き始めたひとって、語り口が変わっちゃうんですよ。最初にカウンセリングで話されたときと比べると、全然違うようになるの。元の話し方とは違ってくる。おそらく彼ら（彼女ら）は、形から入る。容器から入る、文体から入るというか。語尾の伸ばし方とか、ほんとにみんな似てくるんですよ。

ＡＡに通っているひとと、断酒会に通っているひととは違うので、どっちなのかがわかっちゃう。いくつかのグループによっても違いがあるかもしれませんが、ＡＡの場合は、なんていうか告白調ですね。ここまで自分は正直になってるんだ、ということを誇張するみたいな。一時期の断酒会は、ちょっとお涙頂戴みたいな感じが多かったですね。

こうやって話し方のフォーマットを手に入れて、自分の経験をある意味では言葉にし、文脈にしていくんだなって。その過程で、他者がそれを聞いて助けられていることを知る。終わってから、「今日の話よかったです」とか、「助けになりました」とか言われて、正の強化が行われて、言葉がだんだんできあがってくる。そういうプロセスだと思う。

言葉を禁じる

信田　個人カウンセリングだとそれはないですね。私がそのコンテナというかフォーマットを用意しないかというと、実はするんで。うん。私は、言葉を禁じる。

上間　おお！

信田　卑近な例でいうと、「あのとき意志が弱くて」と言ったとき、「意志が弱いとは私は言いません。こういうふうに表現することもできますね」みたいなこと言って。「意志が弱い」をタブーにする。
あと、一番よくないのは「自己肯定感」ですよ。今では当たり前の言葉みたいになってますが。「私、もともと虐待受けて育ってきたでしょ。だから、自己肯定感が低くて。ああいう男と出会ったときも、似たもの同士でピンときちゃったんだ」みたいな。そうしたら、「自己肯定感という言葉はね、私は使わないんですよ。自分で自分を肯定するとか自分で自分を好きになるとか、それは無理じゃないでしょうか。別の言葉で言えますか」とかね。そうやって、こういうふうに言いなさいじゃなくて、使用するワードをけっこう禁じますね。

グループでも禁ずる。「母の愛」って言葉は絶対言わせない。「愛情」という言葉も使わせないかな。「だって、親ですから」というのは絶対バツ。そうすると、どう表現していいのか、自分の体験にもっともそぐう言葉は何か、けっこう考えたりするようになりますよね。私はそれこそ言葉は政治だと思っているので、既成の家族概念に回収されるしかない言葉は使用しないようにします。

ＡＡ、自助グループというのは、メジャーへのある種の対抗文化ですからね。アルコール容認文化に対する、ノンアルコール文化ですから。だから、自助グループの言葉はカウンターカルチャーの言葉なんだと。

だから、私たちのカウンセリングでは、別の教科書が必要だということでね、既成の家族の言葉では絶対に言い表せないことを別の言葉で言い表せるようにしなきゃいけないと思ってますね。それはグループでも個人でも変わらない。

ただ、私はグループ至上主義だから、そこで語られることってすごいですよ。昨日、『週刊文春』で穂村弘さんと阿川佐和子さんの対談を寝るまえに読んでいて、穂村さんによると、死刑囚の短歌って素晴らしいんですって。日常の花鳥風月じゃなく、いつ死刑が宣告されるかもしれないというなかで紡ぎ出されるものほどひとの心を打つものはないって言ってて。私がグループで聞いている言葉って、そういうことなんだなと思ったんです。

　家族の中で、それこそ生きるか死ぬかの経験をしたひとの言葉って、どんな芥川賞作家も及ばないと私は思ってる。

上間　いまおっしゃった、禁じ手の種類がふたつあるように思えて。ひとつは、近代家族のなかで前提されている役割みたいなところに依拠して、自分の固有の体験を語らせないということですね。もうひとつは、意志を持ってなんでも遂行できる自分とか、すべてコントロール可能な近代的自己。

信田　そのとおりですね。

上間　このふたつを禁じることで、どういう語りに接近できますか？

信田　要するに、近代家族的言語と新自由主義的自己を禁ずると何が残るってご質問ですよね。
それはね、うーん、なんだろう。ひとつはフェミニズムの言葉？ もうひとつは、國分功一郎さんが書いてますが、『中動態の世界』の冒頭でダルク女性ハウスの上岡さんの言葉が出てくるでしょ？ つまり、アディクションって、いわゆる近代的自己を乗り越えることなくして回復しないようなところがあるんです。要するに、セルフコントロールを超えるというか。だから、もうひとつはアディクションの言葉。あともうひとつは、被害者の言葉です。
この三つでしょうかね、話しながら考えましたけど。上間さん、すごいですね。話すと利口になるなあ（笑）。

上間　具体的にいうと、現場ではどういう言葉が残るんですか？

信田　それはね、うーん、比喩ですね。そう、比喩の豊かさ。

上間　へえ！ でも、ちょっと想像がつかない。

信田　たとえば、「母の眼差しが自分をCTスキャンしてるような目だった」とか。すごくない？

上間　あ、すごいですね。

信田　さっきの臓器の話も。誰からも共通に認められる客観的な実在を使いながら、それをもって、まだなんとも言えない、パラダイムのない言葉に形を与えていくっていう。そういうことをやるんですよ、あのひとたち。毎回私のほうがお金払わないといけないと思っています。

上間　被害者の固有の体験って、想像できてるようでできなかったりしますよね。でも、CTスキャンのように、余すところなく監視されている感じであったり、身体のなかに受けいれることのできない臓器がありつづける感じが言葉になると、被害者がどういう世界に置き去りにされていたのかわかりますね。

信田　いま思ったんですけど、三つがぜんぶ一緒なんだなと思ったんですよね。

上間　そうですね。フェミニズム＝アディクション＝被害者の言葉。

信田　ある評論家が言ったんですけど、性虐待が近代家族のなかでなぜタブーなのか。それは父が血縁のある娘を性的対象にするって、性的関係は夫婦関係にだけ許されるという原則を踏み外すからですよ。だから性虐待は近代家族の存立基盤を崩します。それと、女性の性被害に限定すれば既成の男女の性別役割分業とかを無効化するわけだから。その経験を「被害」って呼んだとたんに、男性の行為は加害として定義されてしまいます。だから声高に言うと、マジョリティ（男性中心的社会）からは認証されないでしょう。でも、被害を主張しなければ加害はありえないですから、その逆はありえません。

上間　そうか、意志が弱いとか自己肯定感が低いとか母の愛とか、いまだと、本読んでる子だったら「愛着障害」とか。

信田　そうそう！「愛着障害」出てくるよね、あんな言葉、口にしたくない（笑）！

上間　もうひとつ私が気になってるのは、この言葉を支援者が言うことなんです。たとえば婦人保護施設とか母子寮で、当事者を「指導しないといけない」という対象とするときに、愛着障害だから、母親の愛を知らないから指導しないといけないと、指導を正当化するときに発動されるワードだなと思うんです。

信田　あくまでこれは私見ですが、それにはたぶん背景があって、専門職のなかの力関係があるんじゃないかと。精神科医がトップ、心理がその次、でソーシャルワーカーがいて、福祉士がいて。母子寮や婦人相談員というのは、ある種、援助者の権力構造の、はっきり言って下にいると自己認知されている可能性がある。それゆえのコンプレックスがあるのではないかと。だから、最新の専門用語を使って。私はここに入ってるひとのことがよくわかってると言うために使うのが、愛着障害という言葉ですよ。

ある専門誌の特集で、愛着障害という言葉を早期に日本に紹介したひとが、「僕はこの言葉を使いたくない」と書いてました。あまりにも広がりすぎて、おっしゃったような、ある種当事者を抑圧するような言葉になってしまっていると嘆いてらっしゃいました。

上間　そのような言葉によって、当事者の体験は聞き取られてないというふうにいつも苛立っていて、ときどき対立してるんですけど。

信田　おっしゃるとおりですよ。上間さんの『裸足で逃げる』があんなに衝撃をもって迎えられたのは、いかに当事者の言葉が聞かれてなかったのか、みんな耳は傾けるんだろうけど、記憶され記録されてないのかなって思っちゃいましたね。

性加害者の能動性

上間　ところで、『プリズン・サークル』がすごく素晴らしいと思いながらも、最初にお話ししたときに言ったように、性加害の問題をTCで扱った映像を受け入れられるのだろうか、っていう気持ちを抱いたのも事実なんですね。

　理由は二つあります。ひとつは、性加害が、周到に狙われて行われてるなあという感覚があるからです。能動性を感じます。『プリズン・サークル』は、自分の過去の棚卸しをして、そのなかである責任主体があらわれるという映像だったと思うんですが、それについて納得はできるんです。おそらくこういうかたちが、加害の引き受けにおいては不可欠だと。映画は本当によかった。

　そのうえで、もしもこの映画に性加害をしたひとが出てきて自分の話をしたなら、『プリズン・サークル』を支持したひとたちはどう思うだろう、と思いました。というのも、私は耐えられないんじゃないかという気持ちがあるんです。性加害の現場で起こることを知ったときに、彼らの語る自分の物語を聞くことができるのか。

　子どもに性加害をやるのは男性だけではない、女性もいるんです。かれらは本当に、誰が訴えられないかよくわかっている。そして、逃げられないところに着実に着実に追い詰めていく。私、自称「支援者」に何をされたか語ってくれた子どもたちの話を聞いたときからずっと、彼・彼女を許すことができずにいます。だから、私には難しい。

　ついでにもうひとつ言うと、寮美千子さんという方がいて、「空が青いから白をえらんだのです」という少年院で行われた授業はとってもいいと思って読んだんですけど、すんなり納得する気持ちではないのもちょっと残っていて。

　沖縄の二〇歳の女性が、元軍人に殺された公判に私は行っているんですね。それを聞いていて、「なるほどこれは、軍隊の訓練を受けていないとできない犯罪だった。こんなに手馴れてるということは、おそらく彼には前科がある。公判では言ってないだけで、同じやり方で過去に〝獲物〟をしとめたのではないか」と思ったんです。

　彼は当初、「自分は彼女をレイプした」と証言したんです。でも、遺体の腐敗がすさまじくて、レイプ痕をとどめてなかった。遺体からその確認ができませんでした。裁判では、パンツは脱ぎとったけど生理だったので気持ち悪いと思って、自分はレイプはしなかったと供述を変えたんです。自分の罪をすくなくするための戦略だと思って聞きました。ひどいなあとふるえながら。
そういう裁判のあとで出した私のコメントに対して、寮さんのほうからＳＮＳのコメントで、「彼自身が被害者だった過去があった。彼を許さないといけない」みたいなものがあったんです。
それに対して、私が何にムカついたかというと、沖縄に軍隊が置かれていて、軍人によって沖縄の女性が殺されて、同じような被害にあった方々がなんとか死なないでいてくれる、そういう沖縄で起きている問題であると思うんです。そこには、沖縄に基地を押しつけている日本人としての寮さんの加害性もある、事件の固有性もある。それを一切不問にするような、ざっくりした議論の仕方はどうなんだろうと思うんです。

信田　それはどこに書いたの？

上間　公判の様子を新聞の記事にもしましたし、ＳＮＳでも書いています。そこに対する寮さんのコメントです。
私は、性加害の理解がとても難しいという実感をもってるんですね。沖縄の占領支配の話は占領支配の話、そこで起きている過去の話は過去の話、もしかしたら被害者だったかもしれない加害者の連続性の話、それぞれ分節化すれば個別の問題がクリアになるのですが。でも、やっぱりきついのは、加害者の能動性かなと思います。そこにやられる。『プリズン・サークル』にそれがあったら、私は見れたかなあって思うんです。

信田　私は性欲なんて言葉は関係ないと思ってるし、使いません。弁護士紹介で来談された性加害者（痴漢・盗撮・抱きつきなど）たちとも会ってるんですね。彼らに会ってわかったことは、おっしゃるとおりで、ものすごい周到な準備と対象選択が行われて、最後に実行されている。完全犯罪だと思ってるんですね。そのへんの、上間さんの言葉でいう能動性を考えないと、単なる衝動的な犯罪ではない。

　けっこう長期にわたる能動性なんですよね。たとえばいつも西武池袋線で痴漢してた男性の場合、西武線に乗ることを決めた時点から出発するんです。それは実行する何時間も前ですよ。そこから、自分の乗る車両を決める。その基準は、電車に乗るのを待っている女性たちをざーっとサーチ、探索して決める。これだと思う女性を選び、同じ車両を待つ列に加わる。電車のドアが開いたら、その女性の傍に立つ。

　だからね、性犯罪って、勝手に登場人物をつくって、演出・企画・撮影・主演、ぜんぶ一人でやるような、それくらいのものだと思うんですよ。その場で思いついた、っていうのは彼らの言い訳だと思う。

じゃ、彼にとって、それがなぜ必要だったのか？　どうしてそこまで念入りに、危険を冒して実行するのか？　私は何人もお会いしたけど、語るひとはいなかった。

男性の当事者研究って流行ってるじゃないですか？　清田隆之さんとか西井開さんとか。でもね、性の問題だけはなかなか語られないんですよ。森岡正博さんはさきがけですが。ホワイトハンズの坂爪真吾さんも、障害者の援助という文脈で、ある種対象化して語ってますけどね。

男性が自らの性を語るというとき、渡辺淳一になっちゃう。定形化した、貧困なストーリーしかない男の性があるかぎり、性犯罪という能動的な企みをなぜ必要とするのか、その謎が解けないんですよね。

コンゴ共和国で大量の女性がレイプされて、死んだり出産したりエイズになったりするという記録映画があるんですね（立山芽以子監督『ムクウェゲ「女性にとって世界最悪の場所」で闘う医師』）。もうひとつ、コソボの民族殲滅作戦で、どんどん女性を妊娠させて、妊娠六カ月までは中絶を禁止することで血を浄化するということについて、男性のインタビューをどこかで読んだんですよ。

それはね、なんていうのかな、大義のためになってるんですよね。そう、国家のためみたいな。

上間　出た（笑）。

信田　個人的な性欲にするか、お国のためにするか。どっちかしかない。『プリズン・サークル』のＴＣで描かれているのは、どっちでもない、あれはなんだろう。

上間　パーソナルなものと、大義のあいだみたいなかたちの。

信田　でも、性欲はバイオロジカルでしょう？　だから、パーソナルじゃないんですよ。生物か国家かですね。そこに「人間」はいないのかって。そこを女性が埋めないといけないんですかね。坂上香さんも女性ですし、ファシリテーターも女性が多いですよね。男同士だと、どうなるんだろう。

上間　わからないんですけど、坂上監督に対しての彼らのハグとか握手とか、身体的な感じがありました。もうすこし、うーん……母的というか。坂上監督の包容力みたいなものが出ていたように思うんですけど。

信田　私ね、そうは思わなかったんですよ。これまでの彼らの考えを超える、女でもないし男でもないし、という新鮮さがあったと思うんですよね。坂上さんに母を見るっていうよりは。

上間　おもしろい！　坂上監督は、わけわからないひとですか？

信田　そうそうそう。なんていうのかな、つまり、上間さんもそうかもしれないし私もそうだけど、ある種男性と対等に話をして、自分が唸るようなことを言ってくれる女性に対して、いままでの女性の範疇から外すことで許容する男性って多くないですか？　そんなことないかな。

上間　いや、男のひとには調査してない（笑）。わかんないです、興味もあんまりないです。

信田　そういう意味で坂上さんって監督だし、刑務所の男性中心のヒエラルキーの外にいて、女性なんだけどはっきり物言うし。だからね、第三のジェンダーみたいな感じで彼女が受け入れられたのかなと思ったんだけど。

上間　なるほど、腑に落ちます。このあり方は、なんなんだろうって感じがしてました。距離感とか、おもしろいなあと思ってて。へえー。

信田　犯罪者たちを「あのひとも虐待の被害者だったのよ」ってまとめるなんて、それは月並みでしょって。そんな言葉に回収するなんてって私は思うけど。それで免責されるようなものでもないし。

上間　もっと、事件そのものを埋めていくための作業は精緻化すべきですよね。

信田　おっしゃるとおり。

ユタを買う

上間　信田さんがおっしゃった、被害者の言葉を精緻に押さえていくというか、そのことがやっぱり肝だということですね。

寮さんは悪くないんだけど、『空が青いから白をえらんだのです』という本にあった実践は、まだそういう作業じゃないように思うんですよね。少年たちなのでそもそも免責されてるものは多いと思うんです。読みものとして本はいいと思う。だけど、実践としては精緻化されてないから納得がまだできない。『プリズン・サークル』であったり信田さんのお仕事というのは、何がそこで起きていたのか、いなかったひとがわかるから。そういうかたちの了解を生んでるんだなと思って聞いてました。

ただ、私の目の前にあらわれる方々というのは、精緻化というより、忘れようとするんです。たとえば、キャバ嬢のユタ買いって、沖縄ではすごい一般的なんですよ。これ言うと、「沖縄文化！」「ザ・オキナワロマン」みたいで、ちょっと注意しないといけない話なんですけど。

子どもを長男だということで離婚時にとられてしまった方が何名かいるんです。たとえば漁師町なんかは自然を相手にしているので、いまだに風習はぜったいなんです。そういう地域で長男が必ず仏壇継承するところや、ある一定の地元では歴史のあるおうちで離婚のときに長男がいる場合には、たとえそれまでは女の子のほうがひとりで育ててたとしても、親族総出で奪うみたいなことをするんです。

それをやられた子たちは、納得できないですよね。納得できないので、ユタを買うんです。イタコみたいな、先祖と話ができるひとがいて、だいたい女性がなるんですけど。そこに行って、こういうことがあってどうしたらいいと相談すると、「長男はとられたけれど、次があるよ、大丈夫だよ」って言われて帰ってくる。「次に行け」って言われるんです。沖縄のヒーラーたちに。で、本当に次に行くんですよ。そういうのをみると、体験を傷つきとして残さない作法があるんだなあって。あのひとたちにとっては、許しみたいなものは、自己を変容させること、忘れていくこと、次の困難に立ち向かうかたちで乗り越えるという、これが突然でてくるのはいったいなんだろうと。

『〈責任〉の生成』はとっても面白く読んでいて、引き受けていく主体になるというのが免責によってなされるという主張だと思うんですね。それは必要なことだと思うんですけど、階層差だったり、しんどいところの女の子たちのジェンダー差だったりがまだ議論として残っているとは思っています。

信田　新宿のホストもそうですよね。キャバ嬢のホスト買いですもんね、ホストはユタであると。言ってほしいことを言うしね。

カウンセリングに来ていた六〇代の女性が、ホストにくらくらしちゃった経験を話してくれたんですよ。いろいろあって精神的にまいっていたときに、娘からホストクラブに行ったらって勧められたのがきっかけ。お客を増やすために、最初の一回はお試しで安いんですって。隣に座ったホストから、趣味、生年月日、好きな色、好きな作家について巧みに聞き出されてて。それをぜんぶ覚えてたんでしょうね、彼女の誕生日に好きな色の花束が彼から送られてきたんですって。そんなものが送られてきたら……。

上間　きゅんきゅんしますね（笑）。

信田　するでしょう？　数十年男性から関心持たれたこともないようなおばさんがね、そんなことされたら落ちるに決まってるじゃないですか。でもね、銀座のクラブで親父たちがいつもそれをやられてるんだなと思ったり。

ユタ買いはよく聞いてましたけど、「次行け」ってのは衝撃的だった。まさに近代的自己ですよね。過去を振り向くなと言ってるとしたら、ユタってすごいじゃんって思っちゃった。

上間　ユタ、おもしろいですよ。提案されているのは、乗り越える自己ですよね。そこにもうすこしブレンドするのが、これが運命だったんだよっていう。いろんなものの錬金術なんだなって思います。

信田　私もう、東京でユタやろう（笑）。すごいお金稼ぐから、どっか一緒に行こう。

上間　沖縄のほうがニーズはあるかもしれない（笑）。

一二月の教室

上間　あとひとつちょっと話してみたいことがあって、『〈責任〉の生成』にからんで。「意志ではない」という話を精緻にやるのはすごい大事だと思いました。信田さんが禁じ手の言葉があるというのをびっくりしながら聞いていて、本当におもしろかった。なんていうのかな、そういうおおくくりの言葉を使ってしまうと、個人の体験が凡庸になるというか。わかったようでわからない話になってしまうなと思って、自分のインタビューも反省したんです。語り手に愛着の問題があるんだと思うとか言われたら、へええって私は聞くんです。でも、実は、何も意味がわかってないという話だよなあって。

そのうえで、自己が生成するみたいなときに、過去の棚卸しをして、みんなに申し訳なくなるという12ステップの話もありましたけど、私は学校現場にお邪魔して小学生と先生とのやりとりをみてたりするんですね。実践記録といって、教員が自分のクラスで起こったことをレポートにまとめて、それをほかのひとが分析するというジャンルが教育学にあるんです。ほんとうにマイナーなんですけど、私はすごく大事な研究だと思っていて。

　原田真知子というペンネームで本を書かれている坂田和子さんという方がいます。いじめが去年起こった学級を持って、去年の学級で起きたいじめ問題を解決するという実践があるんですね。

　一二月になった教室で、子どもたちが、去年、自分がいじめてしまったって話すんですよ。『わたしのせいじゃない』というスウェーデンの学校の副読本ですね、それを読むんです、先生が。その本は泣いているひとりの男の子の周りを囲む一二人の子どもたちがいて、ひとりひとりが自分がいじめを放置したこと、加担したことの言い訳をするんです。「変わった子だったんだ」「泣いている子って最低よ」「なにもいわなかった。叫べばいいのに」

　坂田先生はその本をゆっくり読み進めるんです。教室のなかには、去年までのいじめの加害者も被害者もいて、水を打ったように静かになる。「読んでみて、感想は？」と先生が教室の子どもたちに意見を聞いていくと、子どもたちが、自分がいじめを放置した理由を泣きながら語り出すんですね。

そうしたなかで、いじめられた子が声を振り絞るように、「みんなやらないと、生き残れなかったから、仕方がないんだ」って、いじめた子たちのことをかばうんですね。そしたら、その子をいじめた女の子がずっと何も言えないなかで、みんなの前で自分はいじめをやってしまったと言うんです。そのことを話しただけで、みんなそのことを許すんです。ただ言葉を共有して了解するというか。

その実践の肝になるのは、いつやるか、なんだと思います。坂田先生がこの実践をすると決めたのは、とっても楽しい教室になったときなんです。みんなで社会問題も話せるし、教室で起きているトラブルも話せる。自分たちは話し合って乗り越えてきた、というときにこの実践をしかけるんですね。一二月の教室というのは、一年間の教育実践を考えるときには遅いんですね。でも、その実践は一二月の教室でないといけなかった。ちゃんと声が聴かれるという手ごたえをみんながもった教室で、棚卸しをさせているんですね。

こんなことをやってしまった、自分の人生はこうだったという棚卸しが可能になるのは、安全とか安心の場所が先につくられていくことなのだろうと思います。安心できる場所ができたときに、その場との差異でもって、安心できずにいじめに加担していたあの体験はなんだったのかと、差異でもって思考が始まるように思うんですね。

信田　いまのを聞いていて、言葉だけとれば、許しが先にあって「加害者が～」となりがちだけど、そうじゃなくて、場の重要性ですよね。

オープンダイアローグの実践

信田　それで思ったんですけど、オープンダイアローグ。効果からしてもすごいと言われていて、実はいまもオープンダイアローグの実践に加わってるんですが。

さっきのＡＡの話で。ＡＡって、断酒して何年であろうと、そこではみんな同じであり、言ったことは絶対批判されないし、聞きたくないことは黙って聞いている。この場の機能というのは、場そのものの力があるのかなって。

オープンダイアローグも、医者や看護師や私みたいな心理職とか、いろんな職種のひとや本人も家族も、全員がその場で肯定的なことを語り、それを聞く、それだけなんです。それで症状がなくなったり、状況が改善されたり、治癒していく。

いまの被害者の発言と、加害者の話を聞いていて、ＡＡのもつ場の力と、オープンダイアローグがなぜ効果を持ち、なぜ日本で広がらないのかを思いました。笛吹けど踊らずで、斎藤環さんたちががんばってますが。実践例が非常に少ないのはなぜだろうと。おそらく医療の権力構造と、採算ですかね。

オープンダイアローグでは、事前の打ち合わせもなしでその場で実践する。本人がこの時間をどのように使いたいか、どんな話題から始めたいか、という言葉からスタートし、「リフレクティング」という、治療者集団だけでああだこうだと話すのを、家族と本人が黙って聞いている時間があり、最後にまた一緒になって感想言って終わり。ちょっと乱暴ですが、こんな感じで一時間程度の活動ですね。一見なんでもないことのようですが、それが、ものすごい治療効果を持つんですよ。

場の安全性とか専門家や医師っていう権力が消失するとか、専門書にはいろいろなことが書いてありますが、実際にやってみることが必要じゃないでしょうかね。

上間　オープンダイアローグ、面白いんですけど、要するにその場はポリフォニーであるという分析にみられるように、実践よりも分析のほうが先行しているように感じます。だからややこしい。

信田　ややこしいよね。

上間　流行らないですね？

信田　あのね、日本心理臨床学会の二〇一八年の大会で、オープンダイアローグのシンポジウムを開催したときは、すごかったです。パシフィコ横浜のメインホールがいっぱいになりましたからね。当時関心は高かったと思いますよ。でも、ポリフォニーって言った先生たちがオープンダイアローグやらないんだから。何言ってんだよって感じですよ。

本音を言えばね、ポリフォニーとか言って論文書いたひとたちは、ちゃんとオープンダイアローグを実施して還元しろよって思います（笑）。私はいま二つかかわっていて、コロナ禍ではオンラインで継続しています。斎藤環さんも含めた精神科医とソーシャルワーカー四人のチーム、もうひとつは同じ臨床心理士二名とソーシャルワーカーのチームです。

フィンランドで実施されているような頻度では無理なので、一～二カ月に一回程度しかできませんが、それでも続けていることは大きいと思います。

今はもうなくなりましたが北海道浦河にある日赤病院の精神科では、病棟カンファレンスに患者さんも参加していました。精神科医川村敏明さんは「治さない医者」って自称されてましたが、このような実践もオープンダイアローグと共通してますね。患者さんに対する透明性ですよ、本人の知らないところで決めないっていう。

斎藤環さんはマンガによる解説本の中で、なぜ自分が仏頂面してるかという理由を語ってます。他者とコミュニケーションが成立するのが怖い、入ったり入られたりするのが怖かったんですって。そんなカムアウトできたのも、オープンダイアローグのおかげですと書いてました。

読書案内⑤

『「いろんな人がいる」が当たり前の教室に』原田真知子（上間）

さまざまな生きづらさを抱えて教室に通う子どもたちの荒れる行動を、その子どもの「表現」として捉え、何を考えているのかその思いについて語り合い、許し許される教室の営みを記録した教育実践論です。日本の教育現場は、規則やスタンダードによる排除が横行していますが、子どもたちの声を聞きとることさえできれば、たくさんのことが変わるのだと思います。教育の可能性を感じる書です。

（高文研、2021年）

『オープンダイアローグとは何か』斎藤環（信田）

北欧を源流とするオープンダイアローグのすべての基礎が詰まっている。著者のセイックラは創始者と言われ、訳者の斎藤環は日本に紹介した第一人者である。今では関連書やわかりやすい解説書も出版されているが、なにごとも拡散するにしたがって原点が失われがちである。原点である本書を一度は通過してもらいたいと思う。訳もていねいで、訳者による解説つきである。（医学書院、2015年）

『子どものための精神医学』滝川一廣（上間）

児童精神科医による子どもの発達についての解説書ですが、いまの子どもの発達のありかたを問題視し、危機を煽るような本ではありません。発達とはおおよそこう考えることができるという解釈とともに、それらが今後はどのように変化していくのか、親や支援者や子どもに関わる大人たちの基本的な姿勢とはどういうものなのかが説かれ、子どもの隣にいるというイメージが湧いてくるような本です。

（医学書院、2017年）

『やってみたくなるオープンダイアローグ』斎藤環＝解説、水谷緑＝まんが（信田）

マンガによるオープンダイアローグの実際を示した本である。マンガを描いた水谷がなぜ関心を抱いたかが語られ、実際に北欧のオープンダイアローグを実施している病院を訪ねるところも描かれている。なるほど、こうやって実践すればいいのか、とタイトルどおりに「やってみたくなる」のが不思議だ。監修者の斎藤環が率直に自己開示している点が一番印象に残る。（医学書院、2021年）

第6章
ケアと言葉

二〇二一年五月一一日

上間　生身では初めて、ですね。

信田　あ、そうなんだ！　ぜんぜん、違和感ない。

上間　講演で信田さんがうんと遠くにいるのは見たことありますけどね。信田さん、背がお高いんだと思って。

信田　え、上間さんは？

上間　私、一五四センチです。ふふ。

信田　そうですね、私のほうが高いね。

上間　沖縄の講演では、私、無理言って入れてもらったんですよ。

信田　ああ、あのときね。あの講演はいちど台風で中止になって、主催者が再度設定されたもので、すごい参加者でした。

上間　定員がすぐに埋まって、私は入れてもらえなくって。入り口で入ることができない方の代表みたいになったんですよ。出張で石垣に行って戻ってきてその足で会場に行ったので、「石垣から今日出張を切り上げて来ました。そういうふうに、どうしても今日の講演を聞きたいひとが外に一〇人くらいいるんです。立ち見でもなんでもいいので、入れてほしいと、どうか信田さんにお伝えください」と。「こういう講演の場合、だいたい五パーセントくらいの方がいらっしゃらないんです。なのでなんとか入るはずです」ってはったりをかまして（笑）。そしたら、「信田先生が、いいっておっしゃっていいます！」って。

信田　石垣島からって言われたときに、主催者にこっそり、消防署なんて関係ないから入れてくださいって言った記憶がある。上間さんもそこにいたの？

上間　はい。入口で説得して、全員入ることができました。講演のあいだじゅう、たくさんの方が会場では泣いてましたね。

信田　ほんとね、泣くんだよね。

上間　二〇代の方も、三〇代の方も、四〇代の方も、五〇代の方も。みんな女性でした。沖縄の共同体にいる女のひとたち、すごくつらいんだと思いますよ。

信田　NHKの「クローズアップ現代＋」（「親を捨ててもいいですか？　虐待・束縛をこえて」、二〇二一年五月六日）に出演したんですが、見てたひとたちみんなが泣いたって感想がツイッターに流れてました。あの日のトレンドに入ったんですよ、「親を捨ててもいいですか」が。

　最初に企画を聞いたとき、NHKにしちゃ思い切ったことやるじゃんって思ったんですよ。やっぱり国営放送ですからね。当日、アナウンサーは、「親を許せないのは、どうしてなんでしょう」「やっぱり葬儀に立ち会えば、許せるんじゃないでしょうか？」みたいな質問してくるわけ。どんな答えを期待されてるか、わかりますから。それをどうやって跳ね返すか、みたいなことばかり考えてました。

上間　信田さんだけがコメンテーターで？

信田　それがよかったの。ほんとにありがたい。以前も二回ほど出演しましたが、当時の看板だった武田真一アナが大阪に転勤されて、いまは若手の男女二人のアナウンサーとゲスト一人っていうシンプルな構造になってて、すごくやりやすかったですね。介護もからめた内容だったので、けっこう話しやすかったですし。

冒頭の葬儀の場面で、親の葬儀に子が参列してると思うじゃない？　そしたら、代理人なんですよ。自分は親の葬儀に出る気にならないから、お金を支払って代行してもらう。つまり赤の他人が親の棺に対面するわけ。今ではそういう依頼がけっこう多いらしいんですよ。そういう場面から始まる。

話変わりますが、あの、さきほど「わたくし、つまりNobody賞」受賞のお祝いに差し上げた「涙壺」ってスマホで検索すると出てきますね。

上間　わあ！　いろんなかたちがあるんだ。古代ローマですって。

信田　「古代ローマで、悲しみから流す涙を入れるために使われていた」という。すごいよねえ。

上間　みんな古代から泣いてたんですね（笑）。

信田　いままでのテープ起こし、読みました。読み出したら止まらなくて、おもしろかったです。

上間　ね、おもしろかったです。

信田　言い残したことを、今日語るっていうことですよね。

カウンセリングに来るひとたち

上間　はい。前回のお話のところで、抽象的な枠組みというか、信田さんは抽象的な言葉を禁じ手にされているということが出てきました。愛着であったり、意志であったり。そういう言葉を話したとたん、その方の固有の話がわからなくなっていくと。すごく腑に落ちたんです。私の調査の方は、逆に、抽象度の高い言葉はしゃべらない。それで、私の聞き取りは、個別の体験、具体的な個別体験にどうやって焦点をあてるか、そこに焦点をあてることができたら語りは始まるんですよね。

でも、信田さんの前に現れる方って、日本でも有数の知的層というか。

信田　有数の（笑）？

上間　はい。語れる方々ではないか、抽象度の高い議論をされるんだろうなと思ったんですよね。やっぱりそこには階層的な差異もあるのかなあって。

私の目の前にいる子は、「母親の愛」とは言いますけど（笑）、それよりも、どういうふうにお母さんにされてきたっていう個別エピソードを最初から語るんです。

信田さんの場合は、信田さんのこともモニタリングされてるというか、信田さんの本を読んで勉強しているひとたちがいらして、自分の体験を抽象度高く語るのではないかと思ったんです。そういう方と言葉を交わす際に、その言葉ではあなたは語りきれないという禁じ手という仕掛けをいったんつくってるのかなって。

信田　それは、カウンセリングに来るひとに対して、一種の買いかぶりがあるかなと思うんですね。実はね、そのひとたちも、体験に圧倒されてるわけですよ。それを、カウンセリングに行く以上、抽象的に語らないといけないんじゃないかと思ってる。

上間　あっ！

信田　けっこうがんばって来るんですよ。でもね、いちばん困るのは、「私はこういう経験をしてきました。だから、生育歴の過程で満足な愛着関係を得られなかったんです、その結果、自己肯定感が形成できずにこのようなことになってるんじゃないかと思います」というものですね。

上間　ああー。

信田　言われた瞬間に、私はピキッと切れるわけ（笑）。実際には切れませんけどね。「あ、そうなんですか。どういうことが愛着障害だと思われるんでしょうか、具体的に教えてくださいますか？」って質問すると、少しずつ話されることが具体的になってきて、実は、自分の経験したものを、語りたいように語ればいいんじゃない？　みたいなことがわかってくる。

　そうやって言葉が賦《ふ》活《かつ》される。抽象的な言葉も知らないひとたちの持つ荒々しさというか生々しさというもので、言葉が賦活していくんですよ。そこが私はすごく大事だと思っていて、私自身もカウンセリングでは抽象的な言葉は極力使わない。

男性の語りのパターン

信田　ただ、男性は困るの。ほんとに、貧困な経験を貧困に抽象化するからね。ほんとにタチが悪いの。

上間　はあー。

信田　テープ起こし読んでて、暴言が多いなって思って。あとで直さないといけないと思うんだけど（笑）。いちばん困るのが男性。

女性は、日常生活の具体性があるぶんだけ、無闇な抽象化にいかない。ストッパーがかかるんですけど。男性は自己啓発的なビジネスで生きてきて、たまたま家族のなかで役割を果たさなきゃいけないというときに、「それは男性性の問題ですよね〜」「やっぱりリスク感覚が違ってるんですね」みたいに話されると、困っちゃうんです。勘違いが多くて。

上間　お子さんに何か起きていて、実は両親こそが語り直さないといけないということはありますよね。「父として来ました」「必死で育ててきました」とか、そういう言葉から、個別性って出てくるんですか？

信田　あまりないですね。ものすごくパターン化された……昔はパターンもなかった。ひとつだったかな。

上間　へぇー。

信田　いちばん多いのは、「妻が過保護で困ります」。

上間　ふふふ。妻が甘やかすから、子どもがこうなったと。

信田　そう。そういう妻なのは、自分の責任だなと思ってやってきたんですって。彼らは、目で、褒めてくれって要求してます。だから私は、「そうですか、よくいらっしゃいましたね。カウンセリングにお父さんがいらっしゃるという例はほんとに少ないんですよ」って。そうすると、「あ、そうですか」ってうれしそうな顔をする。

上間　褒めるんですね（笑）。

信田　それはね（笑）。ネクタイの話じゃないけど、褒めることでしか彼らはオープンにならない。

上間　そこから彼らが語りだすまでの長い距離を思うと……。

信田　ふふふ、語るものもないっていうかね（笑）。ほんと、私厳しいから。なかにはね、こんな男性もいます。彼は、パニック障害になった娘から、もう父親とは暮らせない、顔も見たくないって言われて、家を出て会社の近くで一人で暮らしてるんですね。家族と再同居する条件として、娘に言われてカウンセリングにやってきたんです。

一回目のカウンセリングでひととおりこれまでの状況を話してもらったんですが、二言目には「僕が悪かったんです」って言うんですよ、口ではね。「妻にも苦労かけました、ほんとに。」ってまるで反省してる自分を誇示してるみたいなんですね。

二回目のカウンセリングで手渡されたのが、イラスト入りの歌集でした。

上間　うわ、気持ちわる。

信田　気持ちわるいでしょう?　薄い本なんですけど、「いっぱい泣いていいんだよと言ってあげたい」とか。

上間　相田みつをみたいな?

信田　そうそう、そうそう（笑）。そういう短歌がいっぱい並んでて、ちょっと読み進めることができなかったんですが、せっかく持ってきてくれたのですから、「素晴らしい。うわ〜、これ、全部ご自分でお書きになったんですか?」って。

そうしたら、カバンから次々と歌集を出して、「ぜんぶ自費出版なんですよ」って。「こんなにいただいていいんですか?」って言ったら「あ、どうぞ。邪魔だと思うんですけど、どうぞどうぞ」って。

これまでのカウンセラー生活で、何度も遭遇したことがありますよ、そういうの。

上間　これ、なん、なん、なんのときに書いてるんですか?

信田　どういうときに書いてるのかな。聞く気もないから聞かなかったけど。表紙も凝《こ》った紙でしたね。

彼は、まちがいなく娘に対する言葉の虐待があったんです。娘が顔を合わせるのが限界になるくらいですから。ひょっとしたら性虐待もあったかもしれない。「もう、お父さんと同じ空気を吸いたくない」って、そういうことでしょう。

上間　すごい破壊力ですね、あっぷあっぷです。

信田　それでも、いいほうですから。

上間　そういうときには、どこがきっかけになるんですかね？　たとえばもし私が調査モードだと、持ってきてくれたものを一緒に朗読してあげたりですね（笑）。「まあ！　どんなときにこれ書いたんですか？」とか聞くと思うんですけど。

信田　そうですね、「あとでゆっくり読ましていただきます。じゃあ、前回から今日までは、ずっと家を出て、相変わらずでしょうか？」って。「お嬢さんとの接触はどうですか」とか。

そんなこと聞くときに、ちゃんと横に歌集を置いておく、終了間際には、ちょっと手にとって表紙をめくるデモンストレーションするとか。

上間　すでに承認されている感覚があるので、それをベースにしながら自分の状況を話せと切りこむわけですね。

信田　そうですね。光沢のある表紙でした。でもそこにかける情熱って、なまじのことではないとは思うんですけど。
いちおう全部読みましたが、どの短歌を読んでもですね、同じような言葉が浮かび上がる。自分が小さいころ苦しかったよ～、それでも生きてきたよ～、みたいな。それがなんだって感じですけど（笑）。

加害者の語り

上間　そうやって、特別な関係をつくろうとするんですかね？

信田　そうですね。この対談を通して男性の暴力性の問題が通奏低音みたいになってますよね？　私たちがカウンセリングでお会いするとしたら、妻が出て行ったとか、もしくは娘から親子の縁切りたいと言われているとか、そういうある種の外圧的なもので、何かを迫られて来るひとが八割方なんですね。そういうひとって、来てすぐ「僕が悪かった。本当に反省してます」って必ず言うんですよ。

いちばん私が緊張するのは、性虐待の父。あのひとたちは、娘が言ってることが嘘だと思っている。

上間　記憶にも留めてないということですか？

信田　いや、自分からしたら愛情表現だと思っていたりするんでしょうね。だけど、娘が摂食障害で手首切ったりしてるわけだから、その治療に協力しないのは父として恥ずかしいわけでしょう。だから、最後のキーパーソンみたいな感じで来るの。主役みたいにして（笑）。

前の日は眠れないわけです。性虐待加害者が来談した際にどういう顔して会ったらいいんだろうとか思って。きっと深刻な顔をして息絶え絶えじゃないか、とか。

でも意外と本人は、けろっとしてるんですよ。それで拍子抜けしたりするんですが。中には最初名刺を渡してくるひともいて。こちらのほうが、どれほど大変な思いをしてるかって気を遣ったことが肩透かしをくらったように、意外とライトな感じです。「あっ、今日はどうも、お忙しいなかありがとうございます」って言って、たいてい核心を外したところから話を始めるんですが、そんな気遣いも必要ないんです。彼らは率直に「娘には悪いことをして」と言います。
ああ、ついにここか、告解の時間か、って思ってると、「でも先生、ほんとは娘はかわいそうなんですよ」って少し涙ぐむ。「どうしてあんなふうになっちゃったんでしょうか、哀れです」って。「なんでも親のせいにして、嘘までつくなんて、哀れでたまりません。あんな人間になってしまったのも、あんなふうに育てたのは僕にも責任があります」って。

上間　つらい、聞いてるだけでつらい。すごい。

信田　ですよね。それ聞いたときに、やっぱり呆然というかびっくりしちゃうわけですよ。前の晩に悩む必要なんかなかったんだって。そのとき同時に、ふざけんじゃねえよって言いたくなりますよ。でも、それ言ったら職業的にアウトなんで。クールに。
「そうですか、じゃあお嬢さんのおっしゃったことはすべて嘘だとお考えなんですか？」「先生、ありえないでしょう？　僕はいちおう真面目なサラリーマンとしてやってきて、妻とはいろんなことがありましたけど、娘はほんとにかわいいんです。性虐待だなんて、そうやって父親を陥れることで、自分が大学中退したり引きこもっていることを正当化しようとする。ああ、ほんとに情けない、そんな娘ですが、どうか先生、よろしくお願いいたします」というようなことを言うんですね。

上間　完全な支配者ですね！　どこからこのズレは直したらいいんですか？　調査で語られたら、私、たぶんＮＧです。無理です。いやぁ、加害者の言葉をいっぱい聞かされるっていう体験はないのですが、とんでもないですね。

信田　カウンセラーとして、暴力ふるってる側の言葉は、八〇年代からずっと聞いてきた気がします。日本でＤＶという言葉がまだ使われていなかったころからですね。

　一九九五年になって初めてＤＶが広がるようになりましたが、それ以前から依存症の本人や家族には数多く会ってきました。お酒をやめて半年経ったアルコール依存症の男性の話を聞いて、いっぽうでグループカウンセリングでの家族の話を聞くと、くらくらしました。自助グループに通って回復を目指している彼らが、飲んでいるときに妻を殴ったり蹴ったり、酔って娘の体に触ったり、娘の面前で妻に性行為を強要したり、ものすごいことしてたわけですよ。

　だから、その父親のしれっとした感じは、私のなかでは既視感があるというか、精神科病院やカウンセリングで会ったアルコール依存症の男性たちとおんなじだって。

だから、そんなに違和感はないです。目の前の模範的な態度の男性が、妻や子どもに対しては、想像もできないひどいことをしてる、こういう感覚は常にあります。
ＤＶ加害者プログラムを実施しているときの感じも、精神科病院で実施していたアルコール依存症患者さんのグループセラピーとおんなじですからね。グループの真ん中にファシリテーターとして座ったときの、彼らの刺すような視線は、生意気な女が出てきやがって、俺はほんとはアル中で入院するような人間じゃないんだ、妻のせいなんだ、でも早く退院したいから仕方なくおとなしく座ってるだけなんだ、って訴えてます。ＤＶ加害者のプログラムのファシリテーターとして最初に経験したのは、まったく同じ空気感でした。

加害者プログラムの肝

上間　まず加害性はなかったかというところに、落としどころを探すんですか？

信田　加害性というのは、犯罪性を前提とした判断に基づいてますね。でもそれも歴史的に変わってきたわけです。暴力って昔は男らしいこと、勲章ものだったじゃないですか。尾崎紅葉の『金色夜叉』でお宮を高下駄で蹴る間寛一とか、女を何人もレイプしたとかいうと、すごいなって思われてた。

それがデートＤＶ加害とか性加害というラベルを貼られ、犯罪になったわけです。そこにはジェンダーの視点による転換が働いていると思います。二一世紀になってやっとですから、日本は遅すぎるほどです。でもそれ以前のとらえ方は根強くずっと残ってますから、一人の個人のなかで繰り返し転換をしないといけないと思います。

ここを一歩出れば、筑摩書房のある蔵前だって、そういう価値観がいまだに支配的な世界が広がっています。家族はそんな価値観が全開になる場所ですから、彼らが、妻や子供との関係で加害性を認めるということは、外部からの教育なくしてはありえない。

ＤＶ加害者プログラムなんて、ほぼ教育ですから。カナダでは、少し前までは、unlearnといって、ドミナントな男性観を「学び落とす」ことがＤＶ加害者プログラムなんだと言われてました。世の中のひとが考えるような、「反省させる」ことが加害者プログラムではないんですよ。学習して、新しく経験をとらえ直していくことが中心になります。

もうひとつは、トラウマの知識ですよね。これをプログラムのなかで勉強してもらう。全部で一八回を一クールにしてるんですが、何クールも実施していると、参加者のだいたいの傾向がわかったりします。もちろんこれは私個人のとらえ方ですがね。

最初の一、二回は借りてきた猫みたいなんです。反省してますとか、「このプログラムには何を期待していますか？」というと「我慢の方法です」とか。そういうことをみなさん言うんですよ。おそらくそう言うことで乗り切ってきたんでしょう。最初から不満を述べるひとはいません。

　プログラムの原則は、だれが上でもない下でもない、ファシリテーターは参加者を尊重してかかわるということです。で、彼らもそれがだんだんわかってきます。言いたいことはとりあえずは言ってもいいという場だということがわかりますから、三回目くらいからは、彼らの正直な言葉が出てくるんですよ。それは、傷ついているのは自分のほうだ、おかしいのはパートナーのほうだ、ということを言いたいわけ。

上間　ああー、そういう体験が語られるんですよね。「こんなつらいことがあって」とか、「妻にこう言われて」とか。

信田　そう。みんな、妻こそ自分を支配してるし、どうして妻がわかってくれないんだと。こんなにがんばってる自分をなぜ評価しないのか、と。

　もうひとつは、「子どもの育て方がなっていない」。

上間　言いますよね、あれ、なんですかねー？

信田　わかんない（笑）。そうすると、とたんに、自分が正義になるわけですよ。「妻の怒鳴り方にはもう耐えられない、自分が怒鳴ってしまうのも問題だけど、そもそも妻のあれはないと思います」とか、「整理整頓ができない」とか。「子どもへのしつけがあれではダメじゃないか」とか。

　どれだけ自分が家族のなかで困っているのかを話しますよね。つまり被害者性を承認してくれと。それをどのように責任主体への方向にもっていくかというのが、加害者プログラムの根幹なんです。

上間　肝ですね。これは、どうやって？

信田　いくつかポイントがあるんです。そのひとつが、そういうふうにあなたが考えていることを妻が知ったとき、それは妻と今後もよい関係をつくっていくために役に立つのか、と。

上間　あ、有用性を聞くんですか。

信田　そうです、正誤じゃないの。Justice じゃなくて、Useful かどうか。効果（エフィカシー）のあるなしへと、徹底したパラダイム転換を図るんですよ。彼らは、過剰に正しさにこだわってるんです。正義の行使が彼らの行為を正当化させていますから、多くのＤＶ加害者は、そうですよ。

　彼らの正義に乗ってしまうと、ある種の暴力の正当化に加担しちゃうので、脱価値的な、つまりこのグループに来たのはそもそもなんのためかを確認する。もう一回妻と同居したい、子供にも会いたいとしたら、その目的のために、あなたが考えていることがどれだけ役に立つか、効果があるか、メリットがあるか、という方向性にもっていく。

上間　正義の争いをしても、彼らの正義感は自己完結的にできていて崩せない。性虐待をしてるひとでさえ、被害者の娘に対して、自傷している、摂食障害になっているかわいそうな子なんだという言葉を使うわけですよね。取り付く島がどこにもないようなときに、有用性の話を持ってくることで、一歩踏み出せると。

ＤＶ被害者支援と警察

信田　カナダの多くの州で実施されている、心理学の研究にもとづいた、いわゆる認知行動療法的な方法はそうです。

ところが、ＤＶ加害者プログラムの原点である「ドゥルース・モデル（米国ミネソタ州ドゥルース市発祥の、妻に暴力をふるう男性が更正するためのプログラム）」には、useful っていう視点はないの。フェミニスト的視点から教育学者であるエレン・ペンスがつくったわけですから、そこには、どれだけ妻が傷ついたか、それに対して責任をとるべきだという「ＤＶは犯罪である」という視点が貫かれてます。だから、ドゥルース・モデルって司法と結託するんですよ。

沖縄もたぶんそうだと思いますが、日本のＤＶ被害者支援は、ＤＶ被害者を逃がして、シェルターに入れて、生活保護受給させて、子どもと一緒だったら母子保護施設に入れて、どこか知らない町に行って生き直すというやり方でしょう。

二〇〇一年のＤＶ防止法制定以来あまり変わっていない。それを可能にするのは、接近禁止命令で、警察の協力が命綱じゃないですか。だから、当初から奇妙に、ＤＶ被害者支援と警察というのが結びついている。それはいまでも変わってないですよ。

上間　結局ずっと問題は残りますもんね。女性のほうも、すごく指導的なことをされて、いままでの環境から隔離された場所に行かされますよね。なので、こんなはずじゃなかった、ここよりはマシだといって男性のもとに戻ってきますよね。そして一緒にやっていくためには、結局女性が、自分が我慢するみたいな戻り方になってしまう。

信田　彼らは、その間何も教育受けてないんでしょう？　それはほんとうに問題ですよ。警視庁（東京都）では、数年前に方針転換して、ＤＶ加害者の積極的逮捕に踏み切りました。ある警察署では彼らが警察に留置されているあいだに、ＤＶについての解説書などを読ませたりするんですよ。そもそも被害者が１１０番通報すると、警察官が多いときで六人くらい来ます。多いです。それは、被害者対応、加害者対応、子供対応と役割分担をして、被害者を説得して夫を告訴の方向へと向けますね。

留置されたことがきっかけで、警察官から「こういうところでＤＶ加害者プログラムを実施しているから、参加したらどうでしょう」と勧められて、加害者プログラムにつながった男性が何人もいます。ニュースで有名人がＤＶで逮捕という記事がときどきありますが、これは警視庁の方針転換の影響だと思います。

上間　自治体によって全然ちがうんですね。警視庁の方と仕事をしたときに、沖縄ではＤＶでは動いてくれないケースが多いと話したところ、「飛び越えてください」とアドバイスをもらって。こちらに電話をください、こちらから圧をかけますので、って。

このまえＤＶ関連で警察同行があったんですけど、私の名刺なんかでは、けんもほろろなんですよ。これくらいでは、担当部署には回さない。で、飛び越えさせないといけなかったので、私、以前お仕事した警視庁の方の名刺をズラッと持っていって、一枚ずつこうやって、机の上に出していって（笑）。無言で、何にも言わないで。

信田　上間さん、すごい！

上間　三枚目出したときにピクッてなって（笑）。「上に聞いてきます」って。

信田　うわあ、ドラマみたい！

上間　そうなんです。でも、それくらい難しいんですよ。生傷があったり物証があって確認できるような状態で行ったときには早いんですね。そうでないひとを連れて行ってるときには、ほんとに動かないですね。すごいです。なので、進んでるところは進んでるんだなという印象を持ちました。なんで同じ国内なのにって。

信田　面前ＤＶという言葉も、警察庁がつくったでしょう？　厚生労働省管轄の児童相談所では、ＤＶって言葉は積極的には使わないと思いますよ。配偶者暴力っていまだに言ってる。縦割り行政だから、警察庁と厚労省は歩調があってないんですよ。なかでも警視庁はかなり研修を積んでますし、海外の情報なども積極的に取り入れていると思います。

警察庁の方針転換は二つの事件がきっかけでした。二〇一三年に起きた三鷹のストーカー殺人事件っておぼえてますか。二〇歳のモデルの女性が、一時付き合っていた男性からつきまとわれていて、京都から上京してきたことがわかり、彼女と両親がいっしょに警察に相談に行ったんです。それが午前中だったんですが、その後自宅に戻ったところを、忍び込んでいた男性に襲われて、殺害されてしまったんです。

警察では、この場で男性に警告の電話をしましょうかと提案したんですが、そんなことをしたら追い詰めて自暴自棄になるのが怖いからやめてくださいということで、とりあえず自宅に戻した。その結果の事件だったものですから、警察の対応にメディアから批判が殺到したわけです。

もうひとつは二〇一二年に神奈川県で起きた逗子ストーカー殺人事件で、これも警察のミスだったんですよ。長年つきまとわれていたので、彼女は逃げ回って、結婚して姓を変えて新しい住所で暮らしていたんですね。ところが、今は調査会社とか、いろいろな方法である程度の見当がつくんですよ。

加害者が脅迫罪で逮捕されたとき、警察の取り調べ中に取調官が被害者の住所を読み上げたのを、彼は記憶していた。そして釈放されてすぐにそこに行き、女性を殺害したという事件です。この二つの事件が相次いで起きて、警察の失態ということで大きく取り上げられてしまった。

警察が変化するときって、恥をかかされたときだと思う。女性や子どもが悲惨な殺され方をしたときは特にメディアの非難が殺到しますね。それで、警察庁は二〇一四年に、「女性と子どもを守る」ことを優先順位の上位にもってきたんです。その一環として、ＤＶ通報があったときは積極的に加害者を逮捕する、その場に子どもがいれば、「面前ＤＶ」として、心理的虐待による児相に対する通報を義務化する、という方針に転換したんです。

今では首都圏では、ＤＶの加害者逮捕は珍しくないですし、面前ＤＶの通報で、虐待通報件数が劇的に増加したという事実があります。児童相談所と警察の連携はそれほど多くないのに、面前ＤＶによる虐待通報が増えて、児相の職員は大変だという話も聞きます。

家族はもうだめなのか？

上間　加害者たちは、どういうトレーニングを受ければ変わりますかね？　どういうときにひとは自分のあり方を修正するんだろうと考えてもわからなくて。

近代家族の問題性というのがありますね。近代家族のなかで女性や子どもに対しての強烈な支配構造とそれに基づいた言葉を奪われるという経験がある。私は以前は、だから家族なんてもう駄目なんだって、すっきりそう思っていたんですよね。たとえば、ＤＶを受けた子たちの話を聞いたりすると、前のほうがシンプルに、「割食っているよ、そんな家族は無理だよ、親、捨てちゃえよ」って言ってたんです。

でも、捨てない。彼女たち、かつて大事にされた時間があったとかいうんですよ。たしかにそうなんです。だれかの支えなしに子どもは大きくならない。こんなにも、家族を無効化するのはしんどいのかと思いながら聞いてきました。

そういう自分の家族からの逃れがたさがありつつ、彼女たちが動くときっていうのは、子どもへの愛情というか、子どもの危機なんです。子どもに対しての対応がひどい、このままだとこの子が殺されるというとき、自分が殴られている間は動かないけれど、子どもに手がいったときに立ち上がるんですよね。逃げるって決意する。

それって、家族は問題があるから解体せよというのと、ちょっとレベルがちがう話だなと思ってて。性虐待受けた子たちが、最初に「ママ、かわいそう」って言うんですよね。性虐待を放置した母親になにをいうか、そんな親は恨んでいいと私は思うんですけど。そういう、ケアを受けないと大きくなることはなかった、そして自分がケア主体になったときに、やっぱりケアが軸に行動がつくられる。

　そういう舞台になっている家族は、そのひとにとってたしかに制約でもあるんだけど、もう一回立ち上がるときに、もう一回そのワーディングが出てしまう。なので、家族は、もうはずせないのかなって私は思ってるんです。近代家族の問題性の話なんて届かなくて、ちがう言葉が彼女たちを突き動かしてしまうのだから、そういう言葉を探さないといけないのかなって気がするんですね。

　どういうときに、ひとは自分を変えていこうということになるのか？　責任主体になったり、奮起してもう一度自分の在り方を捉え直すことになったりするのか？

信田　夫に子どもが殴られるときに逃げようと思うかどうか、散々な目に遭ってる女の子たちがそれでもママがかわいそうって言うという問題と、ＤＶの加害者プログラムに参加する男が変化していくというのは、全然ちがうような気がする。

使えるものはぜんぶ使う

上間　なるほど。もう一度戻してみます。ＤＶ加害者プログラムでは、三回目以降に有用性の話をして、正義の話ではないとする。あなたのあり方では、このままで生きれないよねとずらすんですよね。

信田　そうですね。だからね、性犯罪の刑務所でやってるプログラムもそうなんですけど、メリット・デメリットの問題ともうひとつは、褒められるかどうか。承認されるかでしょうか。ＤＶの加害者のひとたちって、力関係にものすごい敏感なんですよ。

私たちは交代でファシリテーターやってるんですけど、私に対して「所長」と呼んだりするひともいましたね。あえて「私、信田ですけど」って言うと、「所長さんですよね？」って。それは、彼らのなかに社会的な地位みたいなものがあって、その序列のなかで自分をいつも位置づけている。

もうひとつは、競い合いですね。プログラム参加者の人数はマックス八名くらいで、それを超えると運営が難しくなるんですよ。グループのなかでも、やはり競い合いがあるんです。そのようなエネルギーというか欲求と、彼らの変化のモチベーションを重ねていくのが、コツなんですね。宿題よくやってきましたね、毎回参加されてすばらしいです、という評価に対して、非常に敏感ですからね。

ファシリテーターが個人を特別扱いすることは論外ですが、やはり肯定的評価に対しては、メンバー間にピッと嫉妬が渦巻くわけですよ。その競い合いを、責任主体になる競い合いに変えていく。そういうことがあるんじゃないかと思うんです。

つまり、序列化および競い合いを、なんでもいいから使う。私は、加害者プログラムがやりたいと思って始めたわけではなくて、DV被害者のグループカウンセリングをしていると、彼らに変わってもらわなきゃいけないと思った、だからやってるんですよ。そうなると、使えるものは全部使わないと。変化をつくる要因というかね。

上間　承認をめぐる闘争をあえてつくりだして、あなたは変わりつつあるよということをみせる……。

信田　上間さん、きっと沖縄で加害者プログラムできますよ。

上間　私ですか？　吐き気がする。

信田　ははっ（笑）。涙壺じゃなくて、もっと大きい壺が。

上間　無理無理！　私は泣くんじゃなくて怒ってしまうと思います。それにしても、すごいですね。そんな言葉をいわれたら喜ぶでしょう？

信田　喜びますよ。初めてじゃない？　毎回プログラムの最初は、チェックインとして前回から今日までのあいだにあったことを簡単に、順番に話していくんですよ。それをだれも批判しないで、ただ聞く。

暴力の再発のエピソードなどが話されることもありますが、「正直に話していただいてよかった」と伝えます。これが、すごいんですよ。女性もだけど、いかに私たちは無批判に聞いてもらえる場所がないかですね。キャバクラしかないんじゃないかな、と思う。

上間　スナックとか！　そういえばスナックでは、ママに怒られたりしますけどね（笑）。

信田　あれがうれしいんでしょう。八〇歳になったらスナック経営しようと思って（笑）。

上間　たいへん儲かると思います！　でもそうやって、がんばってるねと信田さんが認めて、彼らは自分がやり切れてると思って、ますますそこに促進されていくというのを、三回目四回目くらいに仕掛けるんですね？　そうなったときに、そのグループからは異端みたいのは出ないんですか？

信田　出ますよ。必ず、どのグループでも出る。でも実際にドロップアウトしてしまうひとは少ないですね。グループに対して異議を唱えるひとにどうかかわるか、それはほんとにファシリテーターにとって試されることです。そんなひとに限って、グループの中では存在感を放っていたりする。妙に正直だったり、社会的立場があったりでね。
　でも、基本はそのひとに対してリスペクトする態度を示すことだと思う。対等に、誠実に対応すれば、大丈夫だという確信が私にはあります。大切なことは、そんなファシリテーターの態度が、他の参加者から見られていること、それが彼らのモデルになるということです。

上間　彼らはどうなるんでしょう？

信田　まあ、なんとか一クールは出席しますが、次のクールをリピートするひとは半分以下です。ただ、グループってすごいなと思うのは、そういうひとに対して、「〇〇さんがいることで、うれしかった」「勇気づけられた」と発言するメンバーがいるということです。いろんな自助グループがあって、そこではもめごとはつきものなんですね。でも、いざとなると支え合うんですよね。当事者どうしの連帯感みたいなものが、ＤＶ加害者プログラムにもうっすらあるのかもしれませんね。

だから、一対一でなくて、グループで行うということがＤＶ加害者プログラムのポイントですね。それにはファシリテーターのトレーニングが必要になります。『プリズン・サークル』のファシリテーターのスキルはすごいと思いました。厳密に研修やトレーニングを受けてるなと思います。ああいう専門家が出ないといけない。

親との関係を聞く

上間　初期のころは有用性、立場が上だとみなしたひとによる承認、彼らの承認欲望を満たしつつ、グループのなかでの理解が進んでいって……。

信田　テーマがいろいろあって、いちばん微妙なのが、彼らの親との関係を聞く回なんですよ。「子どもに対する影響」というテーマの回なんですが、彼らのＤＶが子どもにどういう影響を与えたかが表向きのテーマ。でも、資料には、「あなたと父親の関係」

と、「あなたと子どもの関係」が並行して書かれている。

その回は、けっこう山場なんですよ。『加害者は変われるか？』という本にも書いたけど、忘れられないのはカナダに視察に行った際の経験です。内閣府の視察で、トロントで実施されているＤＶ加害者プログラムを参与観察したんですね。たまたまそのときのテーマが「ＤＶが子どもに与える影響」だったんですよ。

そんなに英語できるわけじゃないんだけど、聞いているうちにだんだん内容がわかるようになってきますので、今でも鮮明におぼえています。一人のメンバーが、自分は父から虐待を受けた、でも信仰を得てから父のことを許せるようになった、アーメン、って十字を切ったら、隣のひとがすごい怒るわけですよ。

とつぜん服をまくって火傷の跡を見せて、「これをなんだと思うんだ！」と。「これは父から暖炉に放り込まれた火傷の跡だ、僕の父の職業はなんだと思う？　消防士だ！」と。「火を消す仕事なのに、息子を火に放り込む、そんな父を僕は絶対許さない」と。聞いてて泣いたりするメンバーもいました。

ものすごいグループだったんですね。そのときファシリテーターは、それらに介入することなく、何も言わずに聞いていて、で、最後に、自分の子どものことを話して終わりました。

上間　うーん……。これは、何回目に置くんですか？

信田　そこなんですよ。二〇〇三年に私が最初にＤＶ加害者プログラムについて勉強したときに、彼らの被害者性を刺激するテーマは避けなければならないって言われたんですよ。誰だって自分は親から虐待を受けたと言いたがるし、妻からも暴力受けているって言いたい。それは責任解除になってしまうし、ときには彼らの暴力再発につながってしまうから危ないと。

　終了後ファシリテーターの男性に、そのことを尋ねたんですよ。このテーマは彼らの被害者性を強調するから危なくないのかって。それに対して彼は、プログラムの終了間近だから大丈夫なんだって答えました。

　カナダのＤＶ加害者プログラムは、裁判所命令で参加するシステムですし、短くても半年間（二十数回）続きます。ずっと参加し続けて、終了間際だからあのテーマを扱えるんだと。みんな、何が一番大事でここにいるのかわかっているから。あのような被害者性にまつわる感情の高揚があっても、安全だと思ってると。そのとき学んだのは、順番が大事なんだなと。

上間　さっきのメリット・デメリットと承認欲望を使うのは、信田さんオリジナル？

信田　私のまとめですね。どこにも書いてないと思いますけど。

上間　グループ内部で、パワーポリティクスは起きているわけですよね。それをグループのなかでの承認に転換するという手法？

信田　変な言い方ですけど、男らしさの強調でしょうかね？　つまり、責任取るのが男らしいっていう。有用性を言いながら、彼らがもっともこだわる隠れた価値を徹底していく。それは私の考えですけど。

被害者共感の効果

上間　それがさっき信田さんが違うとおっしゃった、ケア領域における母たちの変化というものと、男たちの変化というものとの、原理の違いということですね。

信田　おっしゃるとおり。母は、責任と言わないまでも、責任取るしかない存在じゃないですか。産んで、おっぱいあげて、すべてそう。

でも、父って、選択的にある種の責任を背負うとか、逃げないとか、意志的な、応答的（responsible）なところに価値の根源を置くっていうのが、男性のプログラムの大事なところだと思います。

上間　『〈責任〉の生成』はとてもおもしろかったんですが、ちょっとマッチョなところを感じていて。ひょっとしたらそれは、主体が現れるときに、責任の問題として現れるんだろうか、みんなそうなんだろうかって。目の前の生き物を生かさないといけないから、というかたちで母たちが主体化するのと、見てる風景が違ってる気がしてたんですよね。

　いまの信田さんの整理で、そのジェンダー的な差異がわかちがたくあるという話になるのか、それとも男性たちもケア領域のほうに引っ張り込むべきという話になるのか、どっちかなあと思って。

信田　責任の主体といったときに、「虐待の責任」ってあんまり言わないんです。そこがＤＶと違うところで、性犯罪とも違うんですよ。ちょっと話が複雑になるんですが。

　ＤＶは、自分のパートナーへの責任。でも、性犯罪では加害者と被害者は遮断されているわけ。謝罪に行くとかあり得ないし、被害者からしたら自分がまたターゲットになるのかと思っちゃうわけですから。日本の司法システムもそうなってない。そこがＤＶとの違いですね。

したがって性犯罪者の処遇プログラムの目的は再犯防止一点なんですよ。二度としない。だから、プログラムの効果測定は残酷なまでにエビデンスがはっきり表れることになります。カナダはデータベースが連邦共通なので、プログラムによる再犯防止率が明確に示されることになります。そのようなプログラムだと再犯率が下がるかもわかったりするんです。

「被害者共感」という言葉があるんですね。自分が犯した性犯罪が、被害者にどんな影響を与えて、精神的にどんな打撃を与えたのかを知らせる。これはもともと性犯罪者処遇プログラムの中で大きな位置を占めていました。被害者にしてみればこれこそプログラムの目的であってほしいと思うでしょう。

でも二一世紀になって、被害者共感を強調することが必ずしも再犯率の低下と関連しないことがはっきりしてきました。つまり再犯率を下げるためには役立たない（ユースレス）んです。こんなこと、被害者に聞かせられないと思った。

上間　なぜ、被害者の打撃を知れば知るほど、再犯率は下がらないのか。自分の影響力というのを確認してしまうということなのか……。

信田　TCともつながってくると思うんですけど、あのひとたち、最初は自分がやったことがどんなことか興味もなかったじゃない？　あれはよく練られたコミュニティのなかでこそ、自分のやったことの恐ろしさに気づき、ときには泣いたりするわけです。あそこまでプログラムでやるのは本当に手間暇がかかると思う。

「アミティ（一九八一年にアリゾナに創設された世界的なＴＣ）」ではそれをやってますけど、カナダのような、データベースで管理されて質問項目がモジュール化されたプログラムを実施している国では、グッドライフ・モデルという「どんなよい人生を送りたいか」という点を強調したプログラムが一般的になっています。

上間　あ、なるほど。このあと逮捕されなくて、健康的に過ごせるかどうか。……身も蓋もないけれど、それはあるでしょうね。よりよい人生でありたいから、二度としない。

結局、性加害に、自分の力を確かめてしまうような作用があるからなんですかね？　痴漢を何度もして捕まってた方がネット上に書いてた記事を読んでなるほどと思ったんですけど、痴漢をしてるときに自分は、それが被害者にとってトラウマになってほしいと思っていたと。影響ができるだけあるようにと思って痴漢をやっていたと。要するに、痴漢のコミュニティではそれが競われている。そういうパワーをめぐる磁場から、どうにか逃れていくかしかないというのは、とても腑に落ちるというか。

信田　なるほど。つまり、被害の深刻さを言えば言うほど、彼らは変な意味で、エンパワメントされるという。それってやっぱり、同じこと言ってるかもね。つまり、こんな被害を与えてしまって恐ろしい、死にたいくらいだっていうのと、どっかでつながってるのかもしれない。まったく対極なんだけど、被害者におけるトラウマの深度が加害者のパワーになっていく。

上間　どちらも、自分のパワーの源泉みたいなものは、手放さないロジックですよね。そういうパワーの原理から逃れないといけない。被害者の受けた傷の深さそのものが、自分のパワーの証拠なわけです。性暴力をしているときもそれを確かめる。つかまったあと、反省しているときにであってもそれをパワーとして認知し、パワーのある主体になろうとする。

信田　そういうことですよね。だから、自分が平和で心安らかに、みんなと仲良くなっていく生活がどうやったらできるのかを考えると、その円環を破るプログラムっていうふうにも言えるのかもしれない。いま思ったんだけど。

上間　これはＡＡのハイヤーパワーとどうリンクするんですか？

信田　ＡＡは、パワーを手放すことだから。

上間　近代的自己の放棄だと。でも、むしろパワーの話は何もしないというか、ＡＡとは違い、パワーが主題にならずに、したがって放棄もせずに、でもその磁場をずらす？

信田　必ず出てくるのは、リスクの話ですね。再犯リスク。リスクが高まる状況をどうやって察知するか、避けるか。実に、人間工学的な（笑）。

上間　こういう状況になったらやりたくなるので、こうなったら危険ですよって。

信田　そうですね。認知行動療法もそうですけど、なぜっていう問いを捨象してますからね。つまり、その女性をなぜレイプしたくなるのかという問いはシャットアウトされている。むしろ、どういうときに、どういう状況でそうなるかっていう。すごいですよね。そこだけ取り出すって。

ああ、でも被害を受けた方は、ほんとにつらいですよね。

権力と言葉

上間　責任主体のお話が、ＤＶ、虐待、性虐待で違うということでしたけど、虐待はどうですかね？

信田　千葉県野田の公判記録を読みましたが、あの父親の発言すごかったですよね。一貫していて。

上間　ほんとに。プログラムがなくて放置されていると、ここまで強固になるんだなって。裁判で彼が語ったことは、自分のストーリーが貫徹してしまってるというか。

信田　拘置所に一人でいると、どんどん強化されて。相模原のやまゆり園事件の植松被告もそうですよね。世界が純化されていって、どんどん強固な主張になっていく。何のための拘置って思うけどね。

杉山春さんがずっと傍聴していらして、おもしろいことおっしゃってたんですよね。

目黒の事件も野田の事件も、子どもの泣き声の録音を聞いたときには、何の痛痒《つうよう》も感じない表情だったんですね。たったひとつ彼らが動揺したのが、自分の父親の証言を聞いたときだった、それが共通していたと。

上間　自分の父親！　野田のひとは、家族があの子を殺してしまって許せない、って言ったときに動揺したってのは記事で読みました。自分をかばう家族のはずなのに、って。それにしても、動揺するのは「お父さん」だと。どうしたらいいんでしょう？

信田　つまり彼らにとって、妻子は全然評価者じゃなかったということでしょうか。（同性の）親だけが、自分の評価者であり、父からの承認を求め続けていると。彼らにとって自分の妻や子どもってなんだったのかと。

いま次々と起きてる、社会的に善きことを行っているはずの団体の問題。soarやべてぶくろ、東京シューレも『ＤＡＹＳ　ＪＡＰＡＮ』の広河隆一さんも、ぜんぶ性暴力なんですよね。

上間　ＤＡＹＳの内部調査は不徹底でしたね。私、ＤＡＹＳ読んでたので。あれが出て、内部調査をするといって閉めたんですけど。こういうとき加害者は加害者プログラムに行ってます、みたいなことをいいますよね。そういう弁明の余地があるんだって。

信田　どこだろう。Eクリニックと、Oクリニックがプログラムを実施してるようですね。両方とも、もともとアルコール依存症を専門にしていたところで、院長は私とは古いおつきあいです。

あるときから軸足を加害者に置いてメディアでもとりあげられるようになりましたね。ただ保険診療のシステムのなかですから、「性依存」って病名をつけて、プログラムをやってるんですよ。でも、私、性依存って言っちゃいけないと思ってるんですよ。性暴力なんだから。

上間　「性依存」って言葉もすごいですね。被害の側の言葉をまったく聞かないで済む言葉の発明ですね。

信田　そうですよ、責任のかけらもないでしょう。もっとすると、被害受けたほうも性依存だった、みたいなこと言われかねない。私、女性の性依存って痛々しくて言えない。

上間　ああー。なんですかね、権力と結びついた磁場の言葉って、瞬く間に出てきて、瞬く間に流行るんですね。

信田　一九七〇年代から依存症の臨床に関わっていましたが、依存症はもともと反権力の言葉だったんですよね。アディクションという言葉は、医療のなかのマイノリティだし、反権力だった。私と同世代の精神科医はほとんどが学生運動の生き残りですよ。その言葉がいまね、性依存だったり、ジェンダーの問題を見えなくなるようにする言葉になってる。嫌ですね。

上間　ほんとにそうですね。女性たちの、自分の身体を舞台にしているアディクションとも違うし。

信田　私、薬物やアルコール依存症の男性が好きなのは、自分の身体を舞台にしてるからですかね。ああやって飲んで打って死んでいく、潔いなと思うわけですよ。暴力ふるうかどうかは置いといて、ちゃんと死にますからね。落とし前つけて。本当に早く死にますから。

ところで、「この団体は社会的にとてもいいことをしています」というところで次々と出てくる性暴力と二次加害の問題は、コロナと関係あると思うんですよね。私の言葉じゃないんだけど、グループカウンセリングに参加している女性が、「コロナが剝ぎとった」って言うんですよ。厚く覆われていたんだけど、コロナによってそれがパッと剝ぎとられたときに、見えてしまった。

講談社現代ビジネスに「すべて妻の責任…被害者ヅラする男たちの「信じられない言い訳」」を書いたとき、反響がすごかったんですよ。反響というか、反論にもならないような攻撃というか。私は割合、意識的に舵取りしてるんですけどね。

「加害者」という言葉の危うさ

信田　むしろ「加害者」って言葉が危ないんじゃないかと思ってるの。直感ですよ。つまり、被害者の側が自分の経験を証明するために加害者って言うじゃないですか。あれが、危うい使われ方するんじゃないかって。

三〇代の男性たちで、ジェンダー意識もあって、家族関係でもがんばってるひとたちが、自分のことを加害者と言われることに対するものすごい憤りがあるんですよ。よく聞く話ですけど、ここまでやってるのに、男であるだけで、まだ加害者って言われなきゃいけないのかって。被害者と言われることと加害者と言われることのインパクトは違いますよね。加害者と言われるのだけは絶対嫌だって。

もうひとつは、名指す側の軽い感じでしょうか。加害者という言葉が、日常的に女性の間では通っちゃう。裁判を経て刑務所の中にいるひとたちをそう呼ぶのは当然ですが、メディアも乗ってしまって、加害者って名指せば自分は正義の側に回れるという装置ができている。この二極化はどうなんだろうと。別の言葉ないんですか？

上間　加害者であるという名指しが簡単になされるというのは？

信田　昨日ね、『ＤＡＹＳ　ＪＡＰＡＮ』の広河さんの弟子というひとがワークショップやるという告知があるメーリスに流れたら、あのひとは広河さんと同じ系列だ、そのひとのワークショップについてメーリスで流すのをどういうふうにお考えですかっていう指摘が入った。

　彼の書いてることは苦渋に満ちていて、広河さんのやったことは加害だけど、彼の作品と業績を否定するつもりはない。自分はどっちにもいけないと書いていて、なかなか率直だと好感を持って読みました。十把一絡げに、加害者の近くにいるひとも一派だから排除したい、二次加害じゃないかっていう指摘は、すごく嫌だなあって。

　加害という言葉が流通していくとき、ずっと虐待にしか使われなかったんですよね。虐待の加害は、お母さんだったから。女性（母）を叩くことに抵抗はないんでしょう。

でもＤＶや性犯罪は男性が加害者ですから。
いまでも、メジャーなメディアではＤＶの話題はあまり出ないですよね。出るとしたら、どうやって被害者を逃がすかです。性暴力もそう。被告の悲惨さは言っても、加害については言わない。加害がなきゃ被害は起きないのに、加害は見えないままだったんですよ。
それがここにきて、ＳＮＳを通したりして加害がわーっと出てきている。日本の社会の一番弱いところである福祉とか、そういうところから出てきて。で、そこから先なんですよ。

ブルーオーシャンへ

上間　信田さんは、だれにバトンをお渡しになるんですか？

信田　上間さんの質問は、どこから飛んでくるかわからないのがいいよねえ（笑）。

上間　ふふふ（笑）。加害者プログラムは？

信田　加害者プログラムは、後継者います。まあ、スキルとか方法は、バトン渡せる。だけど、考えてることはバトンでは渡せない。でもそれは本当にありがたいことに、本に残せている。今回のように、言葉で残る。それを読んでバトンを受けとりたいひとは受けとるだろうなって。私、後継者って、期待してない。

上間　でも、どうしましょう？　加害者。ユースフルな話をして承認をしながら育てあげ、グループのダイナミクスにつなげていくなんて。誰かがやらなきゃいけないと思いながら聞いていて。

信田　でもね、加害者プログラムの一番の基本なんだけど、効果は被害者が判定する。そして、プログラムが効果を発揮するのは、その家族だけじゃなくて、それをやってるコミュニティが、あそこはいいことやってるらしいと言われるときです。

ＣＣＲ（community coordinated response）と言うんですが、共同体応答的というのかな。ＣＣＲであること、被害者は加害者プログラム出てよかったと言ってくれる、そして実際に暴力がない。この三つが効果の判定と言われていて、九〇年代からの蓄積があります。

ただ、被害者視点がどうかなって。加害者学って、被害者学が基本にあってのものなのに、そのあいだの応答性がないというか、交流がないのではないかと。いたずらにエビデンスだけ積み重ねてもね……。私は研究者じゃない、やっぱり現場の臨床のひとだと思います。

私ね、気に入った言葉があってね。レッドオーシャン、ブルーオーシャンっていうの。レッドオーシャンってごみごみしててライバルがいっぱいいる状況なのね。ブルーオーシャンは、誰もやったことがない。男性学をやるひとたちはブルーオーシャンだった。だから、検証されない。

上間　なるほど。あざとさみたいなものを男性学に対して感じるんですけど。

信田　私言ってないよ（笑）！

上間　男のひとがやるだけでね、掛け算みたいな状況になる。

信田　イクメンと同じよ。

上間　これ、信田さんが言ったことにしてください（笑）。

信田　男性学っていうより、男性の当事者研究という視点で、清田隆之さんなんかは、誠実に発言されてます。そのあたりの危険性をわかってるひとだと思うけど。清田さんは、恋バナ収集ユニット桃山商事での実践の積み重ねがあるからね。双子も生まれたし。それが彼の書くものに生かされてるし、がんばるほかないでしょう（笑）。

内閣府がＤＶ加害者プログラムに関する検討会を実施する際、必ず起用されるのが立命館大学の中村正さんですね。

長崎県でシンポジウムが開かれた際に、ひとりのシンポジストがあっけらかんと、「家族の愛ってのは、両親が揃って……」みたいな、素朴な意見を述べたとき、会場から「え〜っ」って声をあげたひとたちがいました。彼女たちは「ＤＶ防止ながさき」というＮＰＯ法人のひとたちだったんですね。この団体はほんとうにすごいんですよ。

たぶん日本で唯一、ＤＶの被害者支援をちゃんとやり、シェルターを運営し、ＤＶ加害者プログラムもやり、ＤＶ被害母子のプログラムもやってるの。代表は中田慶子さんという方で、ほんとうに信頼できる方なんですよ。

上間　聴衆がすごい。ちゃんと瞬発力で「えー！」と言えるの大事ですよね。変なこといっぱいあるから。

被害者は日々生まれている

上間　それにしても、困りましたね。大量にいるＤＶをする男のひとたち、どうしたらいいですかね。

信田　でも、やっぱり、加害者プログラムはやらないよりやったほうがいいから。日本でずっと取り組まなかったのは、シェルターネットのひとたちの主張が大きかったと思います。ＤＶが犯罪として法的根拠を持つ前にプログラムを実施すると、危険だと。

上間　なぜですか？

信田　犯罪になってない国で加害者プログラムをやると、彼らに利用される。ＤＶがもっと狡猾になると。ちゃんとＤＶ加害者が逮捕されるようになってから、裁判所命令で加害者プログラムをやらなきゃいけないと。
それはね、正論なんですよ。そのとおりなの。お隣の韓国も、とっくに裁判所命令でプログラムを実施しています。世界中でＤＶ加害者プログラムに公的に言及していないのは、一説によると北朝鮮と日本だけ、と言われてます。ＤＶ防止法から二〇年経っても加害者プログラムが公的に実施できないんです。それでも、被害者は日々生まれてるから。

だから、やるしかないでしょうというのが私たちの主張です。夫がＤＶ加害者プログラムに参加することで、なんとか夫婦を続けてるカップルがいくつもいますし。

上間　さっきの話だと、ＤＶ加害者プログラムは、引き継いでる先があるわけですね。

信田　私が代表理事を務めているＮＰＯ法人ＲＲＰ研究会は若手のメンバーが育っていて、いまや中心的に活動しています。バトンを渡しても、大丈夫。精神科医も理事に二名加わっていますし。虐待とかＤＶに積極的に関わってる数少ない医者です。ブルーオーシャンですから。

上間　その価値がもっと評価されるといいですね。

信田　でも、被害者のひとたちに、あなたたちブルーオーシャンなんだよって言ってあげればいいと思っちゃう。日本で、ＤＶや性被害を受けてそこからサバイバルしたひとたちによる激しい体験記はあるけど、「こうやって折り合いつけて生きてる」というのはまだ、あんまりないし。ブルーオーシャンだから、背泳ぎで（笑）。

上間　信田さんの言葉は、エンパワメントが徹底してますね。語るときに常にそこに被害者の姿が見えていて、常に支えていく言葉をつくっていくんですね。

信田　そうですね。誤解されるんだけど、男性の性被害者も、悲惨ですからね。それはわかるし。でも、私は男性被害者に支えてもらったという感じは少ないから。女性の被害者のひとたちには、私自身が支えられてるって感じがある。

当事者の納得する言葉

上間　先ほど出してみた責任問題をどういうふうに整理したらいいのかなと思っていて。責任主体として立ち上げることで変わっていくという男性の話と、子どもがこのままだと殺されてしまうかもしれない、絶対にそれだけはさせたくないという女性の話とをもうすこし進めてみたいと思います。

このままでは子どもがやばいよっていうときは、私は、「母である」という言葉を使うんですよね。たとえば見過ごせないネグレクトがあって、女性も子どももどっちも溺れるように見えるときに、「子どものことを決めてあげれるのは、お母さんであるあなたしかいないよ」って。「私じゃないよ」って。そして、「私には、いま状況がすごくまずいように見えてるよ」って話をするんです。

でもそのときは、責任って言葉を使ってますけど、内実は違ってるというか。たぶん、あなたしかケアできない、母親であるあなたしかいないという、もっと生暖かいものを喚起させてる気がするんですよね。そういうほうが動くというか。

信田　なるほど。責任主体というのと、唯一無二の存在であるということは、違うよね。

上間　あ、そうかも。ただ自分ではマジックワードな感じがしていて、お母さんだからということにもう一回当てはめてるんですけど、そのときの、お母さんだからって近代家族みたいな意味ではなくて、あなたしかできない、みたいな。

信田　そうね、母というのは、あなたしかいない。たった一人のお母さんだから、とか。

上間　そう言いながらも、やっぱりまずいかなっていう気もします。この言葉は子どもを関係機関に預けたほうがいいってときに使うんですよ。預けることは、お母さんじゃなくなるってことじゃないよって意味で使うんです。あなたはケアの持続性をつくろうとしているから、この選択肢が浮上したっていう。

信田　ちょっとパラドキシカル（逆説的）ですよね。

上間　そうなんです。でも、この言葉は、効くんですよね。
たとえば保護させたほうがいいっていうケースがあるときに、児童相談所の取り上げではなくて、その女性の決定でさせたいと思うんです。どうやったら、取りあげられるのではなくて自分の決定としてできるかを考えるんです。
そのときに、取り上げられたというのではなくて、いまあなたの状態はよくない、子どもの状態もよくない。だから一旦外部を入れる。その決定をしたのは母親であるあなたであって、それはケア主体として決めたことだと。だから、取り戻すときにもケア主体として取り戻せるっていう。そこの持続性をつくったほうが予後がいいように思うんですよね。けっこうきわきわでやるんですけど、実際に好転するんです。取り上げじゃないほうが。

ケース会議やったりしているときに、たとえば病院は虐待通告すると言うんですけど、病院は病院の立場でリスクを換算して動くんですよ。でも、こちらは彼女が決定できるように動きます。児相に子どもをお願いするにせよ、彼女が決める余地を作りたい。

信田　保護というのはある種の権力による剝奪ですよね。それを託したのはあなたですよと、持続性の名のもとに、もう一回自分のところに取り戻す。そのときに、唯一無二の母であるっていうことも同時に、説得力の材料として使うということですかね。

上間　そうです。私は実は、「母」はどうでもいいんですよね。ケアが持続することが大事なんです。

信田　いまの発言いいね！　母は、どうでもいい。ケアなんだと。

上間　はい。そのためのワーディングとして、当事者が何の言葉なら納得するか。それは、手垢にまみれていようがなんだろうが、使わざるをえない。泥くさい感じで考えているというか。

たとえば成人式に振袖を着せて送り出すというイベントをしてるんですけど、この子たちは行事を誰にも祝ってもらったことがないんです。成人式に出るためには、少なくても二〇万かかってそのお金を捻出するのにとてもハードルが高いんです。

沖縄で一〇年調査をやってきたのではっきりわかったんですけど、キャバの子たちは二〇万を計画的に準備できるんですよ。そういう計画を支えるコミュニティもある。八月くらいから、友だちと連絡をとりあって準備できる。何を着てどうその日を過ごすのか計画して、お揃いのハッピもつくるしウチワもつくる。でも、風俗で働いてる単独の子たちは、それができない。

信田　キャバはグループ、風俗は単独ね。

上間　そう。コミュニティに十分入りきれない。

「大人がよってたかってハタチの子をかわいくする成人式プロジェクト」の子には、それまで一回も着物着たことない子もいて、その子たちが着物を着る日に、私は「かわいい」って言葉を使いたい。それは、風俗の男が言ってる「かわいい」とは違う。

おばちゃんたちが、「かわいい。ほんとに、あなたはかわいい」というのは、よくぞ二十歳まで生きたねって意味で、あなたの存在が愛おしいって意味なんです。男たちが言ってるのとは違う、男たちの言葉を異化してもらいたいから、あえて同じワーディングなんです。やだなって思うひといっぱいいるだろうなって思いながら（笑）。

信田　でも、かわいいしかないよね。

上間　そうなんです、かわいいいんです。

信田　すごく重要なポイントですよね。ケアの継続性のために、お母さんだからという言葉を使うと。そうすると、ＤＶの場合、責任というのは、彼らがそこから逃れることもできるっていう可能性があるからですかね？

上間　はあぁ。もうすこし話してください。

信田　つまり、母って、本人も逃れられないじゃないですか。アマルティア・センの話で、選択肢が一五あるのと三つしかないのと、それで同じ選択という言葉はどうなんだろうという話をしましたよね。まさに母って、選択の余地ないんですよ。だからこそ、世の中のひとは母を捨てるとかってことに、すごい反応するんだろうし、母も、自分が唯一無二でしかないとしたらその権力にしがみつく。それと、ＤＶの加害者プログラムのひとたちが責任をどうやって背負えるようになるのか。同じ家族の中でも父と母で全然違う。虐待とＤＶも違う。すると彼らは家族を捨てることもできるわけですよね。俺知らねえとか言って。

上間　もう無理だって。

信田　そう、無理なんだから、家族さようなら、みたいなこと言えるわけですよね。捨てられるのに捨てないということと、責任って関係あるのかな。

上間　社会的なものの関係で、責任問題が起きているときは捨てやすいかもしれないですね。母は、どうなんだろう。母なるものは、手強いなあと思いますね。どうでもいいと思うけど、手強い。

信田　ほんとにね、手強い。日本っていう国は、天皇を母だと思ってます、そうじゃないと「天皇の赤子」なんて言わないでしょう。コロナになってから天皇は何も言及されませんね、天皇研究の原武史さんがＳＮＳで、もうすぐ天皇は声明出すだろうとおっしゃってましたが、出さない。日本の「愛国主義者」も何も言わないし。コロナ禍でほんとうによくいろいろなことが見えてきました。

上間　ほんとに自分が何も知らないことを痛感するような対談でしたが、楽しいです（笑）。

信田　もちろん年齢も経験もちがうからそういうのもあると思うんですけど、私が思ったのは、種を播くと三日くらいで伸びて実がなる樹みたいだなって（笑）。すごい変な比喩ですね、ごめんなさい（笑）。質問がすごいですよね。

上間　あ、私？

信田　そう。いろんな方向からの質問、超楽しかったですよ。こちらから投げかけると、それが地中深くもぐりこんで、パッと芽が出て、あっちからこっちから飛んでくるというか。

読書案内⑥

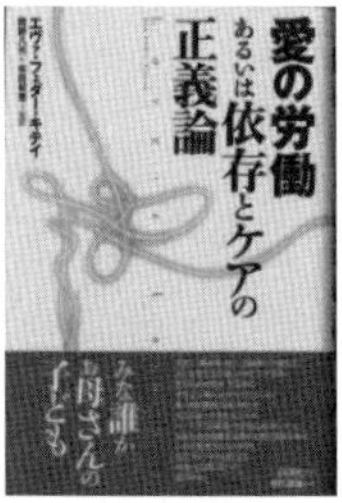

『愛の労働あるいは依存とケアの正義論』エヴァ・F・キテイ（上間）

ケアを受けること、そしてケアを与えることを社会の核としてとらえたときに、社会はどのようにみえてくるのか。すべてのものが依存し生きている現実から社会を構想するときに、私たちがケアを欠いて生きる今は、政治によってもたらされることもわかってきます。新しい社会の現れはこのようなものだと確かに実感させるような理論書です。

（岡野八代＋牟田和恵監訳、白澤社、2010 年）

『生き延びるためのアディクション』大嶋栄子（信田）

著者は札幌で長年女性の依存症者や暴力被害者のための共同住居や社会復帰施設を運営しているソーシャルワーカーである。私にとって心強い仕事上の仲間のひとりでもある。フェミニズムの視点を明確にしながら、行政や医療の壁を体当たりで突破するその姿勢は感動的だ。そのかたわら博士課程で研究に励み、博士論文を完成させたことに驚嘆する。本書は、その論文をまとめたものである。

（金剛出版、2019 年）

『家族と国家は共謀する』信田さよ子（上間）

国家と家族がいかに結託して暴力をふるい、被害を創出してしまうのか。そうした暴力にさらされたものが生き延びようとするときの在り方を、その生存自体が闘争でありレジスタンスなのだとまとめます。徹底して被害者の側に立ち、言葉によってその在り方を肯定し次なる地平を拓いてきた著者ならではの本だと思います。

（角川新書、2021 年）

『ルポ虐待』杉山春（信田）

世の中に衝撃を与えた 2010 年の大阪の事件のルポルタージュである。著者は主として虐待事件に焦点を当てたルポを著しているが、どれも取材の丹念さと丁寧さにおいては他に類をみない。本書も、加害者である女性への生育歴も含めた、膨大な取材に基づいている。母であることの重荷や、若いシングルマザーが支援の網の目から漏れ落ちていくことが構造的に描かれており、迫力さえ感じさせる。

（ちくま新書、2013 年）

あとがき――「聞く」の現場の言葉を聞く

上間陽子

信田さよ子さんは私にとって、長く本の世界のひとだった。本や論稿はもちろん読んだ。その仕事は個人の痛みから、近代家族の支配・被支配関係、近代的自己の病理といった問題をあぶりだす。個人の経験から社会の構造を読み解くその仕事は、なるほどたしかにそのように整理できれば個人と構造の関係を説明できると、目の前が明るく照らされるようなものだった。

だからといって東京の真ん中で仕事を続けるトップランナーの仕事は、必ずしも私と距離が近いものではなかった。それはあくまでミクロレベルの実態とマクロレベルの理論をつなぐ知識であり、こういってよければ信田さよ子さんは、私にとって単に勉強すべきひとだった。

*

そういう信田さんの仕事が本当の意味で私のとなりにやってきたのは、私が沖縄に帰り、若い女性たちの生活に近いところで、家族についての重い告白を聞くようになったからだ。

「家族とうまくいっていない」からはじまる女性たちの告白は、やがてさまざまな告白に形を変えた。

「父が母を殴っていた時期があって、それが自分にも影響しているように思う」

「ママは夜はお店。いつでも電話してといわれたけど、ママが電話をとったことは一度もない。靴箱のところに積まれていた一〇円玉はいまも忘れられない」

「男の子を生まなかったといって、母はずっと責められていた」

「にーにーとおじさん、それからお父さん。にーにーとおじさんにレイプされてたっていったら、お父さんは「俺は最後までやってない」って。お母さん？　お母さんは何もいわなかった」

「心中しようとしたらしい。何があったかは覚えていないけれど、ママと海に行ったことは覚えている」

家族に対する違和の表明は、やがて家族のなかの秘密の告白に変わる。

私はただ、うんうんとうなずきながら話を聞き、これからも話を聞かせてほしいとお願いし、大声をあげて泣き出したいような気持ちのままで帰路につく。

そのひとのいる場所のことをある程度聞き取ることができたのならば、社会調査としての仕事はできているはずだと自分を許す。それでもじくじく悩むのは、今日、話を聞かせてもらった女の子に私がなにかを返せるように思えないからだ。そしていまはもう亡くなってしまった子のことも考える。私はもうそういう後悔をしたくない。

*

その子はずっと覚せい剤を使ってきた。それでも私と会っていたころは覚せい剤をやめていて、安らいだ顔で犬と散歩をするのが楽しいと話していた。

二年近くたってから、その子が亡くなったという知らせをうけた。その子の家に香典を持ってかけつけることができないなかで、私は自分のとったデータを確認した。

　これまでのことを明るい声で語るのに、新しい父親と暮らし始めた子ども時代を、その子は一切語っていない。ああ、これは奇妙だ、この空白の時間はいったいなんだと思いをめぐらしているなかで、今度はその子の父親が覚せい剤で逮捕された。

　あの日私は、きちんと問うべきだった。母親の再婚相手となった父親と暮らしてきた日々のことを。あなたの母親はどんなひとだったのか。あなたは新しい父親のことをどのように思っていたのか。覚せい剤の入手ルートは、あの日あなたが話したように、あなたにつきまとう男たちからだけだったのか。それともあなたの家のだれかが、あなたに渡したものもあったのか。あの家で暮らしていることを、あなたはどう感じながら生きてきたのか。

　問う先をなくした言葉は、私のなかでぐるぐる回る。あの子の話を、私は結局聞き取ることができなかった。あのとき、もしもなにかが正確に聞き取られたならば、あの子はああして死んだのか。ひとりきりのあの場所で、だれかになにかを伝えることをあきらめて、ひとりで逝くことを決めたのか。

　そういうことを考えながらも、私は女の子たちに会い続けてきた。私のやっていることは社会調査だと思いながら、もう二度とだれかがいなくなるのは耐えられないと、助けを求められたら助けてきた。なにかが必要だと判断したら、必要なことをやってきた。それでも会えなくなった子はいるし、そしてなによりその子の現場を正確に聞きとり、その子をエンパワメントできるような言葉を紡げないことに、私はいつもいらだっていた。

*

だから信田さんと対談が決まったときに、信田さんはどのようにして目の前のひとの言葉を聞いているのか、そのことを尋ねてみたいと私は思った。原宿の小さな部屋で、ひとはなぜ自分のことを語り、生き残る闘いのほうへ舵をきるのか。そこで信田さんは、どんな言葉を語っているのか。私はそれが知りたかった。

私がそれらを知りたかったのは、読者のためではない。沖縄の女の子たちのとなりにいるために、どんな言葉が必要なのか。私は私のために、信田さんの「聞く」現場が知りたかった。

そうやって重ねた六回にわたる対談は、信田さんの言葉の徹底と、私の言葉の不徹底が、染みるようにわかる時間になった。抽象的な概念でことがらを語ることを徹底的に禁じ、そのひとの記憶の海に潜るのは、ただ言葉のみによってなされる信田さんならではの営為である。言葉を使ってそのひとに違う地平をみせようとするこのひとは、ひとの言葉を紡ぐことにこんなにも全精力を傾けるのかと息を呑み、私は何度も自分の仕事を恥じてきた。

　恥じいりながら、それでもと私は思う。とにかく私は信田さんに尋ね、信田さんは私に語った。秘儀の一部は語られた。ならば続くこともできるだろう。半端だろうが不徹底だろうが、私たちは言葉によってそのひとの見てきた景色のほうへ導かれる。「言葉を失う」と銘打った対談だったのに、そこは思いのほかにぎやかな場所だった。その場所で信田さんの孤独も私の暗い記憶も語られたはずなのに、いま考えてもそこはほのかに明るく面白い。

　語りだそうとするひとがいて、それを聞こうとするひとがいる場所は、やっぱり希望なのだと私は思う。信田さんがつくり続けたのはこういう場所だと了解しながら、明るく光る場所が見えているのだから、私もそこに進んでいきたいと思っている。

　信田さんと過ごしたのはそういう時間だった。信田さん、ありがとうございました。

第一章は青山ブックセンター本店でのトークイベント「言葉を失ったあとに」、第二章から第五章はオンライン、第六章は筑摩書房会議室でおこなわれた対談をもとに構成しました。収録日は、各章の扉に記しました。

信田さよ子（のぶた・さよこ）

一九四六年生まれ。公認心理師・臨床心理士。原宿カウンセリングセンター顧問、ＮＰＯ法人ＲＲＰ研究会代表理事。著作に『アダルト・チルドレン 自己責任の罠を抜けだし、私の人生を取り戻す』（学芸みらい社）、『家族と国家は共謀する サバイバルからレジスタンスへ』（角川新書）、『〈性〉なる家族』（春秋社）、『カウンセラーは何を見ているか』（医学書院）など多数。

上間陽子（うえま・ようこ）

一九七二年、沖縄県生まれ。琉球大学教育学研究科教授。著作に『海をあげる』（筑摩書房）、『裸足で逃げる 沖縄の夜の街の少女たち』（太田出版）、共著に『地元を生きる 沖縄的共同性の社会学』（ナカニシヤ出版）など。
二〇二一年一〇月、沖縄の若年ママの出産を支える宿泊施設「おにわ」をオープンした。「おにわ」のブログは、https://oniwaok.blogspot.com

言葉《ことば》を失《うしな》ったあとで

二〇二一年一一月三〇日　初版第一刷発行

著者　信田さよ子　上間陽子

発行者　喜入冬子
発行所　株式会社筑摩書房
東京都台東区蔵前二―五―三　〒一一一―八七五五
電話番号　〇三―五六八七―二六〇一（代表）
印刷　株式会社精興社
製本　加藤製本株式会社

ISBN978-4-480-84322-7 C0095